GÜTERSLOHER
VERLAGSHAUS

Anja Hilscher

Imageproblem

Das Bild vom bösen Islam und meine bunte muslimische Welt

Gütersloher Verlagshaus

Im Namen Allahs, des Gnädigen, des Barmherzigen

Dieses Buch ist gewidmet: M, M, M, M
und M (alias Else von Richlin)

Närrisch, dass jeder in seinem Falle
seine besondere Meinung preist!
Wenn Islam »Gott ergeben« heißt,
Im Islam leben und sterben wir alle.

(Goethe, West-Östlicher Diwan)

Inhalt

Vorwort

Muslime.

Das sind diese Machos, wo die Frauen Tücher tragen müssen. Manche sind auch Terroristen!

Ist es ungefähr das, was Sie so denken, wenn Sie dieses Wort hören? Dann hat es sowieso keinen Zweck mit uns beiden – legen Sie dieses Buch besser zurück auf den Stapel! Verstehen Sie mich bitte nicht falsch. Nicht, dass ich Leser verprellen möchte, aber Sie gehören nicht zu meiner Zielgruppe. Falls Sie aber was anderes denken – oder auch gar nichts – dann lesen Sie ruhig weiter!

Gemäß einer schon älteren »Spiegel«-Umfrage rangiert der Prophet Mohammed auf der Beliebtheitsskala religiöser Persönlichkeiten knapp vor Pontius Pilatus. Na, super! Es scheint, als hätte der Islam ein kleines Imageproblem. Gebessert haben dürfte sich das in letzter Zeit kaum – selbst direkt nach »Nine/Eleven« war die Stimmungslage da noch besser! Gemäß einer Umfrage des Instituts für Demoskopie Allensbach denken 91% der Befragten beim Stichwort »Islam« an »Frauenunterdrückung«, Tendenz steigend. Und satte 88% widersprechen gemäß einer Online-Umfrage der »Welt« der Aussage des Bundespräsidenten: »Der Islam gehört zu Deutschland«. Integrationsverweigerer und »Hassprediger« sind in aller Munde. Der Untergang des christlichen, für alle erdenklichen guten Werte stehenden Abendlandes steht kurz bevor! Wer das noch nicht mitbekommen hat, dem ist nicht mehr zu helfen. Der ist gedanklich schon islamistisch unterwandert und ein Wegbereiter der »Scharia«; Kategorie hoffnungslos naive und blauäugige Gutmenschen. Wie der nette Herr Ströbele, der einen islamischen Feiertag will.

Ist der Mann eigentlich verrückt geworden??

Manchmal werde ich von Leuten auf mein Kopftuch angesprochen. »Ich bin zum Islam übergetreten!«, antworte ich dann knapp. »Ach so!!«, kommt es dann in der Regel. Mit leicht hysterischem Unterton und ein bisschen arg schnell, wie aus der Pistole geschossen. Dann folgt betretenes Schweigen. Bis einem von uns ein neues Thema einfällt. Ganz Mutige fügen aber auch, damit es nicht so unhöflich rüberkommt, hinzu: »Wie kommt das denn? Ach, dein Mann ist ja Türke, ne?« – »Nö«, antworte ich dann. »Meine Mutter ist schon vor mir übergetreten. So kam das.« (»Der Wahnsinn hat bei uns eben Tradition!«, müsste ich dann eigentlich noch hinzufügen, um den im Raum stehenden Gedanken einfach mal frech auszusprechen.) Spätestens dann ist das Gespräch zu Ende.
Da scheint ja wohl gar nichts mehr zu passen … »Wer weiß, was noch für böse Überraschungen kommen, wenn man weiterfragt!«, denkt dann sicher der ein oder andere. Es ist ja so: Muslime, und auch Konvertiten allgemein, sind bekanntlich mit großer Vorsicht zu genießen.
Konvertieren – zum *Islam*?? Muss man eigentlich komplett wahnsinnig sein? Vom Leben im Allgemeinen – und dem im Westen im Besonderen – gänzlich enttäuscht? Vollkommen frustriert? Moralisch abgrundtief desorientiert? Als Frau? Freiwillig?? Soll das einer glauben? Über all diese sich aufdrängenden Fragen hüllen wir mal lieber ganz schnell den Mantel des Schweigens!

Sonst zieht die Wahnsinnige womöglich gleich die Kalashnikow raus und ballert in die Decke!

»Warum denn ausgerechnet diese Männerreligion?«, fragte mich vor langer Zeit mal einer. Immerhin! Eine immens qualifizierte, natürlich rein rhetorische Frage – zudem aus dem Mund eines Religionslehrers! Mit feinem Sprachgefühl ausgestattet, hielten mich die beiden Worte »Männerreligion« und »ausgerechnet« entschieden davon ab, dem Mann eine ernsthafte Antwort zu geben. Mein Problem ist aber, dass ich es ums Verrecken nicht schaffe, den Mund zu halten. Deshalb habe ich mich inzwischen darauf verlegt, *irgendwas* zu sagen. Bloß nichts Erstgemeintes. Kennen Sie die Stelle in »Harold and Maude«, wo Harold dem Militaristenschwein von seinem Onkel seine vermeintliche Kriegsbegeisterung beweisen will? »Ja, Onkel! Ich will! Ich will in den Krieg!! Werde ich dort auch immer Waffen tragen dürfen?« – »Ja, Neffe, ganz bestimmt.« – »Ein Maschinengewehr??« – »Klar! Gibt's da bestimmt auch für Dich!« – »Oh, toll!! Schießt man damit auch?« – »Natürlich, mein Junge, was sonst?« – »Und ist es wirklich so, dass man auf Menschen schießt?? Ra-ta-ta-ta-ta-ta-ta-ta-ta!! Zusammen mit den Kameraden? Wird Blut spritzen?« – Irgendwann wird der Onkel zögerlicher in seinen Antworten und vermutet vage, dass da was nicht stimmt mit dem Jungen …
Sehr, sehr lustig, die Stelle. So ähnlich mache ich es auch. Der Unterschied ist, dass die Leute bei Muslimen von Anfang an denken, dass da etwas nicht ganz stimmt. Am besten also, man geht voll drauf ein und lässt richtig die Gestörte raushängen: »Jep, ich bin Muslima. Die kalte, komplizierte Welt überfordert mich total! Ich bin ein seelisch labiler Mensch und brauche starre Regeln, weil ich zu psychotischen Schüben neige. Es

überfordert mich, selbst zu denken. Und, ganz im Vertrauen, ich bin auch ein bisschen masochistisch. Im Sommer trage ich deshalb extradicke Wolltücher und unterdrückt werden bringt's, finde ich, auch irgendwie …« – Na ja, offen gestanden mache ich es nicht so extrem. Ich traue mich nicht. Deshalb muss ich dieses Buch schreiben.

Manchmal hoffe ich, dass den Menschen dämmert, dass es eben nicht so einfach ist. Es ist nicht alles so, wie es aussieht. Selbst bei den Dingen oder Menschen, die das eigene Vorurteil auf den ersten Blick zu bestätigen scheinen, lohnt es sich, länger und genauer hinzugucken. Manchmal übersieht man kleine Details, die alles in ein ganz anderes Licht rücken … *würden*! Wenn man es zuließe. Was man natürlich nicht tut, deshalb muss ich Ihnen die hier gezielt unter die Nase reiben. Beispiel: Hätten Sie erwartet, dass tief verschleierte Frauen unter den schwarzen Tüchern und Mänteln manchmal nicht nur einen intelligenten, emanzipiert denkenden Kopf, sondern auch sehr schick gekleidete Körper verstecken? Vielleicht sogar einen Minirock? – Jetzt mal ehrlich! Ich meine, wären Sie wirklich auf die Idee gekommen? Oder hätten Sie sie nicht, vom Äußeren her, eher in die abendländische Kategorie »asketisch lebende Nonne« eingeordnet? Und um jetzt der Entstehung eines neuen Klischees vorzubeugen, merke ich an dieser Stelle an, dass das bei mir zum Beispiel so nicht der Fall ist. Das heißt, die Sache mit dem klugen, emanzipierten Kopf, da überlasse ich das Urteil einmal anderen. Aber erstens bin ich nicht tief verschleiert, und zweitens trage ich schicke Klamotten meist weder drunter noch drüber. Ehrlich gesagt: Ich *habe* gar keine.

Angesichts der Skrupellosigkeit, mit der das Bild des Islam verzerrt wird, stellen sich halbwegs gebildeten Muslimen regelmäßig die Nackenhaare auf. Mir auch. Seit über 20 Jahren. Es gibt Vorurteile und Missverständnisse ohne Ende. Die Medien scheinen leider wenig Hemmungen zu haben, die Gräben noch zu vertiefen. Immer dieselben Koranzitate, Halbwahrheiten, Schleierfotos und Verweise auf Gewalt und Frauenunterdrückung in Ländern mit mehrheitlich islamischer Bevölkerung! Individuell zusammengemixt, mit irgendwelchen Weiß-der-Himmel-woher stammenden Volksweisheiten und anatolischen Kochrezepten abgeschmeckt. Das Ganze zurechtgekürzt und in eine halbstündige Reportage oder in einen 4-seitigen Artikel gepfercht, wird die Verwirrung vollkommen. Fröhlich werden die Klischees bedient, denn süßer die Kassen nie klingeln! Buchverlage und Fernsehsender spielen sich dabei mit islamischen Fanatikern ungeniert die Bälle zu. Erstere freuen sich über die hohen Quoten und Verkaufszahlen, Letztere über das große Forum, das man ihnen zur Verbreitung ihrer verqueren Weltsicht bietet.

Okay. Ist also alles gaaanz anders. Wie ist dann der Islam bitte in Wirklichkeit?

Kann man zwischen Kultur und Religion denn überhaupt unterscheiden? Und wenn ja, wie? Verträgt sich der islamische Glaube mit aufgeklärtem Denken? Gibt die islamische Lehre irgendeine Rechtfertigung für Ehrenmord und Zwangsverheiratung? Ist Allah wirklich böser als der Liebe Gott? Stimmt es, dass kleine Araber religionsbedingt nicht abwaschen dürfen? Müssen Türkinnen Woolworth-Taschen tragen? Muss man als Anhänger der islamischen Religion komplett humorfrei sein – oder erleichtert es die Sache nur? Spinnen Konvertiten? Und last not least (von Interesse besonders für die

männlichen Herrschaften): Stimmt das mit den Jungfrauen im Paradies?
Diese und andere Fragen versuche ich in diesem Buch (nach bestem Wissen) zu beantworten. Seien Sie nicht böse, sollte Ihnen beim Lesen unversehens das eine oder andere Stückchen Weltbild wegbröckeln. Es wächst nach, wenn auch ein bisschen anders – ich spreche aus Erfahrung!
Schließlich noch eine Warnung: Mein Sinn für Humor ist zuweilen ein wenig rustikal. Vielleicht haben Sie das schon gemerkt. Es gibt sicher sympathischere Arten von Humor. Einen anderen Humor hab ich aber nicht, und vielleicht unterhält er dafür wenigstens. Infotainment nennt sich das. Ich bringe Sie (hoffentlich) zum Lachen und eh Sie sich's versehen, bringe ich – zack! – meine Infos an den Mann oder die Frau. Falls Sie aber zu der einen oder anderen Bevölkerungsgruppe gehören, die in diesem Buch Seitenhiebe einstecken muss, nehmen Sie es nicht tragisch. Trösten Sie sich damit, dass ich grenzwertige Witze auch dann nicht auslasse, wenn Sie auf meine eigenen Kosten gehen. Nehmen Sie es sportlich!

»Wir sind doch ganz anders als die!«

Ein sehr weit verbreitetes Vorurteil. »Wir« sind wahlweise »wir Christen« oder – noch dämlicher – »wir Deutschen«. »Die« – das sind »die Muslime«.

Dieses erste Kapitel widmet sich dem, mit Verlaub, idiotischsten aller Argumente, welches zuerst bearbeitet werden sollte. Die folgenden Kapitel steigen dann im Schwierigkeitsgrad langsam. Ganz ähnlich übrigens wie beim »Hamburger ABC«, dem Lehrwerk, mit dem ich in meinen Alphabetisierungskursen unterrichte. Falls Sie sich irgendwann überfordert fühlen, lesen Sie die ersten Kapitel einfach noch mal, oder machen Sie eine Pause.

Wenn ich mich mit jemandem über den Islam unterhalte, kommt unweigerlich früher oder später der Punkt, an dem mein Gesprächspartner, möglicherweise überfordert von zu viel neuem geistigem Input, in heller Empörung ausruft: *»Ja, dann geh doch mal da hin! Fahr doch mal in ein jemenitisches Dorf! Oder nach Mekka, wo die ganzen Muslime sind! Da wirst du schon sehen!«* Ich selbst sei ja, trotz Kopftuch, nicht nur der deutschen Sprache mächtig, sondern auch sonst nicht so ganz ins Bild passend, eine Ausnahme. Und außerdem ja auch keine so ganz »richtige« muslimische Frau. Jeder weiß, wer die »Richtigen« sind. Nämlich die mit Standard-Schleier, aus dem kein Haar hervorlugt. Die aus einem anderen Land kommen, beim Reden schüchtern zu Boden gucken und immer die Woolworth-Taschen schleppen.

Wenn Diskussionsabende zum Thema »Frau im Islam« stattfinden, sind regelmäßig die teilnehmenden Omis (es sind im-

mer zu 98% Omis, die restlichen 2% sind Opis) enttäuscht, dass so wenig »Richtige« da sind. Bei einer derartigen Veranstaltung in einer Volkshochschule meldete sich gleich anfangs eine freundliche ältere Dame zu Wort, die etwas zum Thema »Frauen im Islam« beitragen wollte. Da sei eine kurdische Nachbarin, mit der sie sich so gerne unterhalten würde und die immer ganz nett gucke. Leider spreche die kein Wort Deutsch. »Am Mittwoch hab ich die im Supermarkt getroffen!«, erklärte sie. »Die saß vor der Kühltruhe, auf der Erde. Im Schneidersitz, auf einer ausgebreiteten Decke, mit einem Baby auf dem Arm. Das fand ich einfach rührend!« Sie habe sie gegrüßt und dann einen Augenblick überlegt, ob man ihr nicht einen Stuhl bringen könne. Die kurdische Frau habe ihr aber nur zugelächelt und ganz zufrieden ausgesehen.
Innerlich entrang sich meiner Brust während dieses Beitrags ein abgrundtiefer Seufzer. Ich möchte an dieser Stelle ausdrücklich anmerken, dass sowohl die freundliche ältere Dame als auch die nette Kurdin meine volle Sympathie haben. Erstere, weil es an Menschenfreundlichkeit und Toleranz wohl kaum zu überbieten ist, wenn man sich in einer solchen Situation nicht etwa über die »unintegrierten« und »hoffnungslos unangepassten Ausländer« aufregt, sondern statt dessen überlegt, wo man vielleicht einen Campingstuhl herbekommt, weil der Boden doch so hart und kalt ist. Mir scheint, diese Frau hat die Lehren des Christentums wirklich verstanden! Und Letztere, weil ich diese Sorte ungebildeter, aber unheimlich warmherziger und oft auch sehr witziger Frauen aus meinen Alphabetisierungskursen kenne und weiß, wie oft ihnen Unrecht getan wird, indem man ihnen mangelnde Integrationsbereitschaft unterstellt.
Tatsache ist aber: Der Islam schreibt nicht vor, sich in fremden Ländern vollkommen unangepasst zu verhalten. Er schreibt

auch nicht vor, ungebildet zu sein. Im Gegenteil! Der Erwerb von Wissen hat im Islam einen äußerst hohen Stellenwert. Die erste Universität wurde von Muslimen gegründet! Es ist lediglich so, dass die kurdische Frau mutmaßlich einen leidlich islamischen Hintergrund hat, wenn auch sehr wenig religiöse Bildung. Möglicherweise aber nicht einmal das, denn viele Kurden z.B., die hier als Muslime wahrgenommen werden, sind Jeziden, also Angehörige einer völlig anderen Religion. Übrigens tragen die auch manchmal Tücher. Der Islam hat nichts mit Hautfarbe zu tun. Er hat auch nicht unbedingt was mit Nationalität oder Kultur zu tun. In Saudi-Arabien ist – zumindest heute – nicht »mehr Islam« als in Deutschland. Auch in anderen »islamischen Ländern« (die ich deshalb in Anführungsstriche setze) ist nur einiges islamisch, anderes dagegen nicht im Geringsten. Der Islam ist eine Glaubenslehre, die man als erwachsener Mensch entweder annimmt, manchmal auch praktisch befolgt, oder auch nicht. Das heißt, jeder, der das islamische Glaubensbekenntnis ausspricht, darf sich als Muslim bezeichnen, und gemäß islamischer Lehre hat niemand das Recht, dies in Frage zu stellen. Auch dann nicht, wenn das Verhalten der betreffenden Person nach allen Erkenntnissen der islamischen Theologie »unislamisch« sein sollte. Das Glaubensbekenntnis lautet »La illaha illallah, mohammadu-rassullullah«, was so viel heißt wie »Es gibt nur einen anbetungswürdigen Gott, und Mohammed ist sein Prophet«. »Muslim« darf sich also fast jeder nennen und ich ihn auch. Da geht's ja um den ganz persönlichen Glauben und Seelenzustand, über den niemand sich ein Urteil erlauben kann. Aber mit dem Wort »Islam« sollte man vorsichtiger sein. Das heißt zwar übersetzt lediglich »Ergebung« oder »Hingabe« oder »Unterwerfung«. Andererseits ist »Islam« aber auch die

Bezeichnung für die vom Propheten Mohammed vorgelebte und erläuterte Glaubenslehre, die im Koran dargelegt wird. Dort heißt es, dass die Glaubenslehre »Islam« mit der Offenbarung des Korans vollendet sei. Zu Deutsch: Wenn wir wissen wollen, was »Islam« ist, müssen wir uns schon mit dem Koran und dem Leben des Propheten Mohammed beschäftigen. Das heißt *nicht*, dass Muslime jeden Buchstaben des Korans, ohne Berücksichtigung der Offenbarungshintergründe, wortwörtlich verstehen und sämtliche Handlungen des Propheten blind und detailgenau imitieren müssen. Zumindest für gläubige Muslime ist »Islam« eben nicht nur ein seelischer Zustand, sondern auch eine abgeschlossene und einigermaßen gut definierbare religiöse Lehre, aber keineswegs alles, was im Nahen Osten so passiert und geglaubt wird. Zum Teil widersprechen sowohl Glaube als auch kulturelle Bräuche in diesen Regionen dem Islam und dem Koran, und zwar ohne Wenn und Aber. Zu einem anderen Teil mit Wenn und Aber. Und zu einem dritten Teil gar nicht. Es wäre ziemlich sinnvoll, da einmal mit einem Minimum an Aufwand zu differenzieren. Sonst dürfen wir uns zumindest nicht darüber ärgern, wenn manche Muslime das auch nicht tun: »Berlusconi hat Sex mit minderjährigen Nutten! Da sieht man wieder, wie unmoralisch das Christentum ist!«

Wer glaubt, dass man in den Islam sozusagen »hineingeboren« wird, wie etwa beim Judentum, hat wahrscheinlich etwas falsch verstanden, obwohl es nicht ganz unrichtig ist. Es gibt zwar im Islam keine Taufe, aber die Religionszugehörigkeit von Vater und Mutter ist auch nicht ausschlaggebend. Es ist viel schlimmer! Nichtmuslimische Leser mit Neigung zu hohem Blutdruck mögen sich bitte an dieser Stelle setzen; denn was jetzt kommt, kann, falsch verstanden, möglicherweise wie eine Bestätigung der Hypothese vom islamischen Weltherrschaftsanspruch klingen. Es ist nämlich so, dass Muslime der Ansicht sind, dass jeder Mensch als »Muslim« geboren wird! Jeder. Nicht nur die mit muslimischen Eltern. Mit wachsendem Bewusstsein und Verstand gerät jeder kleine »Muslim« jedoch an einen Punkt, an dem es von ihm selbst abhängt, ob er weiterhin »Muslim« bleibt (indem er das islamische Glaubensbekenntnis annimmt) oder nicht. Was natürlich auch nicht so hundert Prozent seine eigene Entscheidung ist, sondern auch mit der Erziehung zu tun hat. Beziehungsweise damit, wie viel Käse man ihm über den Islam erzählt oder nicht erzählt.

Jedes rosige, glatzköpfige, deutsche Baby ist also in Wirklichkeit Muslim, und weiß es nur nicht! Also, soweit kommt's noch!

Ich hoffe, dass Sie, geneigte/r LeserIn, das Buch an dieser Stelle noch nicht in die Ecke gepfeffert bzw. auf den Stapel zurückgelegt haben. Dies ist nämlich die erste Bewährungsprobe, nach deren Bestehen Sie vielleicht verstehen, warum es nötig war, ein Buch zum Zwecke der Beseitigung von Missverständnissen bezüglich des Islams zu schreiben. Das Wort »Muslim« geht auf denselben arabischen Wortstamm zurück wie das Wort »Islam« – und wie auch der mit dem hebräischen »Shalom« (womit Jesus grüßte) eng verwandte Friedensgruß »salam«. Sprechen Sie's mal bitte laut und lassen sich's auf der Zunge zergehen. Schließen Sie die Augen und lassen Sie bis in Ihre tiefsten Bewusstseinsschichten dringen, wie verdammt ähnlich die beiden Wörter klingen! Und was das für den einen oder anderen, der den bösen, fremden Islam am liebsten ins Paralleluniversum verbannen möchte, jetzt bedeutet …! Der

Wortstamm, von dem »Salam«, »Islam« und »Muslim« abgeleitet ist und dessen Bedeutung da überall mit drin steckt, lautet »S, L, M«. Das heißt so viel wie »heil sein«, »ganz« oder »unversehrt« sein.

Das Wort »Salam«, also der »Frieden«, den man dem Mitmenschen wünscht, bezieht sich auf einen inneren Frieden. So, wie ihn ein Mensch empfindet, der sich dem Leben, dem Schicksal im besten Sinne des Wortes »ergeben« hat. Ein Mensch, dessen Herz wieder »heil« und »ganz« geworden ist. Wie ein Kind eben. »La illaha illallah« und »Ich bin (stolzer) Muslim!« sagen darf jeder. Auch Terroristen. Aber nur ein Mensch, der wirklich Frieden mit sich, Gott und der Welt geschlossen hat, ist »Muslim« im eigentlichen Wortsinne. Ist so. Können sie sich auf den Kopf stellen, die Fanatiker – zusammen mit den Islamhassern, die das beide gerne anders hätten. Daraus folgert, dass natürlich auch keineswegs nur nominelle Anhänger des Islam »erlöst werden« können (während alle »Ungläubigen« in der Hölle schmoren). In mindestens zwei Koranversen heißt es sehr deutlich, dass auch Christen und andere Gläubige, die sich bemühen, Gutes zu bewirken, ihren Frieden finden werden. Also »ihren Gott« – denn »As-Salam« (also »Friede«) ist einer der Namen Gottes. Übrigens werden Christen im Koran ohnehin nicht als »Ungläubige«, sondern vielmehr als »Ahl-ul-kitab« bezeichnet, also »Leute des Buches«. Sie gelten also als achtenswerte Besitzer einer heiligen Schrift. Jedes Baby, nach islamischem Verständnis rein und unschuldig geboren, ist, wie bereits gesagt, ein »Muslim«. »Wenn ihr nicht werdet wie eins von diesen!« heißt es bekanntlich auch in der Bibel. Das sagte nämlich ein gewisser Jesus über die Kinder, und meinte genau *das*! Übrigens wird auch Jesus im Koran als »Muslim« bezeichnet! Fallen Sie jetzt vom Stuhl? Oder haben Sie's verstanden?

Koran zum Thema »Islam als Glaubenslehre«:
»Heute habe Ich eure Glaubenslehre für euch vollendet und Meine Gnade an euch erfüllt und euch den Islam zum Bekenntnis erwählt.« (5:4)

Koran zum Thema »Erlösung Andersgläubiger«:
»Jene, die geglaubt haben, und die Juden, und die Sabäer und die Christen – wer da an Allah glaubt, und an den Jüngsten Tag und gute Werke tut – keine Furcht soll über sie kommen, noch sollen sie trauern.« (5:70) (ähnlich in 2:63)

Hadithe zum Thema Wissenserwerb:
»Allahs Gesandter hat gesagt: Streben nach Wissen ist Pflicht für jeden Muslim.« (Hadithsammlung Ibn Madjah, Mischkat)

»Wer auf der Suche nach Wissen auszieht, der ist auf Allahs Pfad, bis er zurückkehrt.« (Tirmidhi)

»Wer einen Weg beschreitet, um Wissen zu erlangen, dem wird Allah deswegen einen Weg zum Paradies leicht machen.« (Muslim)

Hadith zum Thema »Jedes Kind ist ein ›Muslim‹«:
Abu Huraira zufolge sagte der Prophet: »Jeder Mensch wird als Muslim geboren. Alsdann machen seine Eltern aus ihm einen Juden, Christen oder Zoroastrier.« (Bukhari, Muslim)

Allah ist strenger als der Liebe Gott

Bevor ich mich diesem Thema widme, sollten wir uns vielleicht einigen, was wir unter »Allah« und »Liebem Gott« verstehen. Die Frage ist, ob wir davon ausgehen, dass es Gott wirklich gibt (und der dann auch irgendwie *ist*), oder lediglich über unsere Vorstellungen, sprich Gottesbilder sprechen wollen. Das wäre leichter und unverfänglicher. Vor allem könnte dann auch die große Gruppe der Zweifler und Agnostiker, ja sogar Atheisten mitdiskutieren. Ich würde, als gläubiger Mensch, aber Möglichkeit Nummer eins vorziehen. Gottesbilder gibt's natürlich viele, Gott aber, zumindest nach christlichem wie auch islamischem Glauben, nur einen. Also kann der auch nur einmal irgendwie sein … oder nicht?
Wenn wir über Gottesbilder sprechen, scheint der »Liebe Gott« eindeutig netter zu sein. Im Religionsunterricht lernen wir, dass er, jedenfalls seit Jesus, immer nur lieb ist und aussieht wie der Almöhi. Man darf ihn auch malen. Allah verbietet das.

So fängt's schon an, bei den Muslimen! Wie die ihre Kinder unterrichten!

Die Zeiten, die es natürlich auch bei uns gab, in denen wir mit wüsten Androhungen von Höllenqualen bei der Stange gehalten wurden, liegen weitgehend hinter uns. Mit »wir« meine ich jetzt gerade übrigens »wir Deutschen«, und beziehe mich selbst damit ein – damit Sie's mal merken. Ich darf das aber auch, ich bin nämlich erstens so deutsch, deutscher geht's nicht, und zweitens früher zum christlichen Religionsunterricht gegangen. Erst zum evangelischen, dann spaßeshalber zum katholischen, weil meine Freunde da waren. Das war da übrigens schon ein bisschen so, wie man sich das im Islam immer vorstellt: übelst gelaunter alter Mann (bei uns auch noch zölibatär lebend …), bei dem wir dauernd auswendig lernen und richtig zitieren mussten. Also. Der christliche Gott, besonders der evangelische, ist – nach heutigen Vorstellungen – eher immer lieb. Die Muslime dagegen haben so einen Schiss vor ihrem Gott, dass sie dauernd beten. Die Frauen unter ihnen sind oft sogar bereit, sich ein für alle Mal die Chance auf gesellschaftliche Akzeptanz zu vermasseln, indem sie ein Kopftuch tragen.

Wie ist Gott nun wirklich? Stellt er sich im Koran strenger dar als in der Bibel? Gegenfrage: Was verstehen Sie unter »Bibel«? Die ganze? Altes Testament und Neues Testament? Viele Christen meinen ja, seit Jesus gelte nur noch das Neue Testament. Da wären die dann natürlich im Vorteil …! Nein, jetzt im Ernst. Muslime glauben, dass Gott/Allah natürlich ein und dasselbe und unendlich groß ist. Der Mensch gilt auch im Islam sozusagen als »Abglanz Gottes« bzw. als dessen Stellvertreter (»Khalifa«), denn Gott hat ihm von »seinem Geist eingehaucht«. Ein gereifter, warmherziger Mensch mit dem, was man als »guten Charakter« bezeichnet, kann uns eine Ahnung vermitteln, wie Gott ist.

Ein solcher Mensch ist vielschichtig und differenziert in seinem Denken. Er handelt nicht einfach nach »Schema F« und urteilt auch erst nach sorgfältigem Abwägen. Unterschiedliche Menschen behandelt er auf unterschiedliche Weise und durchschaut die Motive anderer ebenso wie seine eigenen. Er spricht jeden Menschen in der Sprache an, die dieser versteht, weil er sich in ihn hineinversetzen kann. Je nach Situation verhält er sich vielleicht mal so, mal so – je nachdem, wie es angebracht ist. Schlichte Gemüter mögen das als Inkonsequenz oder Widersprüchlichkeit empfinden, aber da kann man nichts machen! Wirklich schade, dass der Ausdruck »Begegnung mit Gott« so fürchterlich salbungsvoll und abgegriffen klingt, dabei passiert so was alle Tage, wenn man nur ein bisschen achtsam ist. Vielleicht haben Sie so eine Situation auch schon mal erlebt: Alles ist irgendwie grau und hoffnungslos – und dann begegnen sie einem Menschen, der quasi das Licht in ihrer Seele wieder anknipst. Man hört es regelrecht klicken! Es gibt solche, wenn auch wenige! Ich kenne zwei, die strahlen von innen heraus dermaßen, dass es beinahe schon blendet (Beide sind übrigens – nominell – keine Muslime, falls es Sie interessiert …). Im Islam gibt es sogar einen Fachausdruck für dieses Phänomen. Von einem solchen Menschen sagt man, er habe »Nuur«, also Licht. Ein *liebes* Licht. Was nichts anderes ist als eine der im Koran genannten Eigenschaften Gottes.

Im Koran stehen eine Menge Dinge über Gott – über 100 »Namen« werden dort genannt. Allah ist die »Quelle des Lebens«. »Der Frieden«. »Die absolute Wahrheit«. Manche Eigenschaften klingen widersprüchlich: Allah ist »der »Offenbare« und zugleich der »Verborgene«. Er ist der »Liebevolle« und »Mitleidige«, aber auch der »Majestätische«. Er wird als »Gerechter Vergelter«, aber zugleich als »Alles Verzeihender«, als »Erster«, aber auch »Letzter« beschrieben.

Eigentlich habe ich persönlich sowohl mit dem (maskulinen …) Wort »Gott« als auch mit dem Wort »Allah« ein Problem. Sprachwissenschaftler sagen nämlich, dass *jedes* Wort irgendwie ein Bild im Menschen hervorruft. Um der Entstehung eines starren Bildes vorzubeugen, was eine spirituelle Entwicklung verhindert, gibt es deshalb im Koran diese un-

terschiedlichen Eigenschaften. Diese sind zugleich auch Namen Gottes, von denen wir uns, ganz eigenständig und nach Belieben, die schönsten raussuchen dürfen. Was besonders für Deutsche, die gerne exakte Anweisungen bekommen und alles ganz korrekt auf Karteikärtchen festhalten, um es alsdann in Schubladen zu sortieren, eine ziemliche geistige Herausforderung darstellt. Ich schließe mich da selbst durchaus mit ein.
Also: Allah ist weder ein immer streng strafender, majestätischer Richter, noch ein immer milde lächelnder »lieber Gott«. Allah ist *größer*. Ein Komparativ ohne Vergleich – eigentlich ein Unding. Das ist nämlich die Bedeutung des viel zitierten Rufes »Allahu Akhbar«, mit dem Muslime, Schwert oder Bombe in der Linken, Koran in der Rechten (Koran immer nur rechts!) angeblich immer in die Schlacht ziehen. Allah ist zumindest größer, als unser begrenzter Verstand erahnen kann, und manifestiert sich zu jedem Zeitpunkt und jeder Person anders. Einem Hadith zufolge berichtete der Prophet Mohammed, dass Allah gesagt habe: »Ich behandele Meinen Diener in Übereinstimmung mit seinem Wissen und seinen Erwartungen gegenüber Mir. So lass ihn von Mir denken, wie es ihm genehm ist.« Das ist ein so genanntes Hadith Qudsi, nämlich eins, das wörtliche Offenbarung enthält, die aber nicht Teil des Korans ist.
Also, ich sag mal: Ich persönlich denk ihn mir nett. Und dann *ist* er auch nett. Im Prinzip ganz einfach und eine feine Sache, auch wenn es zugegebenermaßen etwas infantil klingt. Leider schafft es offenbar trotz großen Bemühens nicht jeder, sich ihn nett zu denken oder überhaupt zu glauben. In solchen Fällen greift, behaupte ich dreist, das Prinzip dann nicht; denn es gibt im Islam definitiv kein aufrichtiges Bemühen, das vergebens wäre. »Islam« heißt »Sich dem Leben hingeben«. – Also, dage-

gen kann ja nun wirklich keiner was haben, oder? Kaum einer wird in Frage stellen, dass das was Gutes, Schönes und Gesundes ist: »Sich dem Leben hingeben«. Klingt einfach gut. Und das ist übersetzungstechnisch auch absolut legitim. »Islam« kann ich mit »Unterwerfung«, aber auch mit »Ergebung« oder »Hingabe« übersetzen, wovon Letzteres natürlich das Schönste ist. Entspricht ja auch völlig den Tatsachen: Entweder man kommt freiwillig (das wäre dann »Hingabe«) oder weniger freiwillig (= »Unterwerfung«). Und was Gott angeht, dem Muslime sich ja bekanntlich unter Androhung schlimmster Strafen immer »unterwerfen«, so ist, wie gesagt, einer seiner Namen »Al-Hayy«, sprich »das Leben« bzw. »Urquell des Lebens«. – Stellen Sie sich vor, es gäbe das Wort »Gott« und »Allah« gar nicht! Stattdessen würden wir jetzt immer nur noch denken »Die Quelle allen Lebens«. Meinen Sie nicht, dass man da sogar ganz viele eingefleischte Atheisten mit ins Boot holen könnte?

Ebenso wie in der Bibel ist auch im Koran bekanntlich viel von ziemlich blutrünstigen Strafen für die Bösen die Rede. Allerdings findet sich dieser grausame Aspekt eigentlich weniger in der Beschreibung *Allahs*, als vielmehr in der der *Hölle*. Und die schaffen wir uns selber. Ganz alleine, ohne fremdes Zutun brocken wir uns diese Suppe ein. Nix mit willkürlich verhängten sadistischen Strafen eines rachsüchtigen Gottes, der stockbeleidigt auf seiner Wolke sitzt, weil man ihm nicht gehorcht. Auch die im Koran genannten Eigenschaften Allahs sind tatsächlich fast ausschließlich ziemlich sympathische. Es ist nämlich so, dass Gott sich auch nach islamischer Vorstellung nicht gerade freut, wenn ein Mensch sich selbst ins Unglück stürzt. Eine der Eigenschaften Allahs ist zum Beispiel »der Dankbare« – Al-Shakur –, der schon das kleinste menschliche Bemühen wertschätzt. Mein Gottesbild erschüttern diese Höllenbeschreibungen darum jedenfalls nicht besonders. Es stehen ja auch andere Dinge im Koran, zum Beispiel Paradiesbeschreibungen. Und noch so einiges. Wenn's mir nicht passt, was ich da lese, kann ich ja vorblättern. Überzeugt bin ich jedenfalls davon, dass die blutrünstigen Passagen und Drohungen nicht wörtlich zu nehmen sind.

Dem Koran zufolge gibt es nun eine Eigenschaft Gottes, die alle anderen überwiegt und in den Schatten stellt. Und das ist die der Barmherzigkeit. Das sehe übrigens nicht nur ich so, sondern auch alle anderen Muslime – außer vielleicht einer Handvoll durchgeknallter Terroristen, die des Lesens unkundig sind. 113 der 114 Suren des Koran beginnen nämlich mit den Worten »Im Namen Allahs, des Gnädigen, des Allbarmherzigen«. Das sollte eigentlich schon reichen. Es gibt aber noch zahlreiche andere Koranverse und auch Hadithe, die darauf Bezug nehmen. Übrigens stammt das arabische Wort für »Gnade« und »Barmherzigkeit« von derselben Wortwurzel wie das Wort »Gebärmutter« ab! (Ups! *Das* weibliche Organ schlechthin …! Schon wieder ein Klischee kaputt. Wie konnte das passieren!)

Eine der häufigsten Aufforderungen im Koran – viele hundert Mal findet die sich dort! – ist … na?

Beten? Fasten? Frauen steinigen? Was wird's schon sein?

Mitnichten. Es ist die Aufforderung, zu beobachten und nachzudenken – über sich selbst, den Lauf der Welt, über Naturphänomene und das eigene Leben. Zu meditieren und zu lernen. Übrigens im Islam nicht nur im heimischen Kämmerlein, sondern gerne auch draußen. Die Wunder der Natur, überhaupt jedes Naturphänomen, werden im Koran »Ayat«, »göttliches Zeichen«, genannt. Diese Wunder sind aber auch *in uns selbst* zu entdecken. Wenn ich also wirklich etwas über Gott erfahren will, sollte ich nicht nur Bücher lesen, sondern auch mich selbst und die Natur erforschen. Das tut der eine vielleicht eher mit dem Herzen, der andere mit dem Verstand, je nach Fähigkeit und Vorliebe.

Koran zum Thema »Barmherzigkeit«:
»Sprich: Wessen ist, was in den Himmeln und was auf Erden ist? Sprich: Allahs. Er hat Sich Selbst Barmherzigkeit vorgeschrieben.« (6:13)

»Und wenn jene, die an Unsere Zeichen glauben, zu dir kommen, so sprich: Friede sei mit euch! Euer Herr hat Sich Selbst Barmherzigkeit vorgeschrieben.« (6:55)

»Meine Barmherzigkeit umfasst jedes Ding.« (7:157)

Koran zum Thema »die Wahrheit in sich selber suchen«:
»Und auf Erden sind Zeichen für jene, die fest im Glauben sind – und in euch selber. Wollt ihr denn nicht sehen?« (51:21f)

Koran zum Thema »Allah ist richtig, richtig nett«:
»Wahrlich, Allah, Er tut nicht Unrecht auch nur für eines Stäubchens Gewicht. Und ist da irgendeine gute Tat, so verdoppelt Er sie viele Male und gibt von Sich aus großen Lohn.« (4:41)

Hadithe zum Thema »Barmherzigkeit«:

Allahs Gesandter hat gesagt: »Allah, der Mächtige und Erhabene, spricht: ›Wer Gutes tut, wird dafür das Zehnfache erhalten, und Ich vermehre es. Wer Böses tut, dessen Vergeltung entspricht seiner bösen Tat, oder ich vergebe ihm. Wer sich Mir eine Handspanne nähert, dem komme ich eine Elle entgegen; und wer sich mir eine Elle nähert, dem komme ich einen Klafter entgegen; wer zu mir gegangen kommt, zu dem komme ich gelaufen, und wer mir mit Sünden so groß wie die Erde begegnet, Mir (aber) nichts zur Seite stellt, dem begegne Ich mit entsprechender Vergebung.‹« (Hadithsammlungen Muslim, Tirmidhi)

Abdullâh bin 'Abbâs berichtet: »Der Gesandte Allahs erzählte Folgendes: ›Wahrlich, Allah hat angeordnet, dass die guten und die schlechten Taten niedergeschrieben werden sollen, und zwar auf folgende Weise: Derjenige, der eine gute Tat zu tun beabsichtigt, sie aber nicht ausführt, dem wird sie als eine gute Tat angerechnet. Führt er sie dagegen aus, so rechnet Allah, der Ruhmreiche und Große, sie ihm wie 10 bis 700 gute Taten und noch darüber hinaus. Wenn er eine böse Tat nicht nur plant, sondern auch begeht, so rechnet Allah sie ihm als eine schlechte Tat an. Wenn er aber eine böse Tat zu tun beabsichtigt, sie aber schließlich doch nicht durchführt, so berechnet Allah ihm dies als eine gute Tat.‹« (Bukhari und Muslim)

Hadithe zum Thema »Allah und Weiblichkeit«:

Abu Hurairah berichtete, das der Prophet sagte: »Wahrlich, die Rahim (Gebärmutter) ist von Al-Rahman (»Der Allbarmherzige, Eigenschaft Allahs«) abgeleitet, und deshalb sagt Allah: ›Wer sich mit dir (Anm.: d.h. der Gebärmutter) verbindet, mit dem verbinde ich Mich, und wer sich von dir löst, von dem löse ich Mich.‹« (Bukhari, Anm.: nimmt wohl auch Bezug auf die äußerst hohe Stellung der Mutter im Islam.)

Umar Ibn Al-Chattab, Allahs Wohlgefallen auf ihm, berichtete: »Es kamen Frauen aus der Kriegsgefangenschaft zum Propheten, Allahs Segen und Friede auf ihm. Eine Frau von ihnen machte sich zur Aufgabe, Milch aus ihrer Brust zu drücken, um den Kindern davon zu geben. Als sie einen Knaben sah, nahm sie ihn, drückte ihn fest an ihren Leib und stillte ihn. Der Prophet, Allahs Segen und Friede auf ihm, sagte zu uns: ›Haltet ihr es für möglich, dass diese Frau ihr Kind ins Feuer werfen würde?‹ Wir sagten: ›Nein, niemals wird sie es tun können!‹ Der Prophet sagte: ›Ich schwöre bei Allah, dass Allah gegen Seine Diener noch barmherziger ist, als diese Frau gegen dies Kind.‹« (Bukhari)

Das Paradies – man gönnt sich ja sonst nichts!

Die allermeisten Muslime sehen relativ unauffällig, oft sogar freundlich aus. Und mehr noch – sie *sind* es sogar! Man vergisst das leicht, weil die mikroskopisch kleine Minderheit der Fanatiker so laut herumspektakelt und von den Medien jederzeit ein Forum geboten bekommt. Nichtmuslimische Mitbürger scheinen darum manchmal zu denken: Wer freundlich und normal aussieht, kann kein echter Muslim sein. – Tja. Dann stimmt das Weltbild natürlich wieder. Im Umkehrschluss sind dann tatsächlich alle Muslime wüste Wüstensöhne und fastende Fanatiker … Also. Tatsache ist, dass die allerallermeisten Muslime nett und unauffällig sind. Und ich behaupte: Je intensiver Muslime ihre Religion praktizieren und je mehr sie über ihre Religion wissen, desto netter sind sie. Es gibt aber, muss ich zugeben, diese Kategorie von freudlosen Finsterlingen, denen quasi quer über die Stirn das Wort »Fanatiker« geschrieben steht. (Entsprechende Typen kann ich Ihnen übrigens auch unter den Christen zeigen, wenngleich sich deren Affinität zur Gewalt meistens auf die Überzeugung beschränkt, dass ich als Nichtchristin in die Hölle komme.)
Wenn ich also solchen »Glaubensbrüdern« begegne, ziehe ich den Kopf ein. Und ich kann ihnen sagen, dass auch andere Muslime vor solchen Fanatikern Angst haben. Wenn man solche »klassisch religiösen«, freudlos guckenden Typen sieht, denkt man, die leben nach dem Motto: »Das Paradies – man gönnt sich ja sonst nichts!« Dabei zeigt schon ihr unzufriedener Gesichtsausdruck, dass die überhaupt nichts kapiert haben. Der Prophet Mohammed hat jedenfalls vielen Über-

lieferungen zufolge immer gelächelt (vielleicht auch »gelacht«, da streiten sich die Übersetzer). Woraus ich schließe, dass er »zu-Frieden« war. Das Leben ist für »unzu-Friedene« Radikalreligiöse, die es natürlich in allen Religionen gibt, dagegen eine schwere Bürde. Sie leben nur, um von morgens bis abends Gottes Wohlgefallen zu erlangen, worunter sie allerdings eine ziemlich andere Vorstellung haben als ich. Und auch Dostojewski, der schrieb: »Wer wahrhaft glücklich ist, ist sozusagen würdig, sagen zu dürfen: ›Ich habe Gottes Willen hier auf Erden erfüllt!‹«

Das ist eine sehr islamische Ansicht. Der Islam ist nun wirklich keine Religion, die freudlose Askese propagiert! Aber leider haben manche Muslime so ein richtig mittelalterliches Denken: Das ganze Leben ist ein Jammertal, und hinterher wird's dann richtig lustig. Da fliegen gebratene Hähnchen am Himmel, es gibt Bäche aus Honig, und man hat Tag und Nacht Spaß mit den zweiundsiebzig »Huris« (also, für *jeden* zweiundsiebzig!!). So heißen nämlich im Koran die Paradiesjungfrauen. Im Ernst. Huris. Ob es da ethymologisch einen Zusammenhang mit einem ähnlich lautenden deutschen Wort gibt, weiß ich nicht, obwohl ich es befürchte.

Und jetzt wollen Sie natürlich wissen, wie es in Wirklichkeit ist? Nun ja: Es ist so, dass ja bekanntermaßen unter »Koran« eigentlich nur der arabische Originaltext zu verstehen ist, von dem Muslime glauben, dass er nicht einfach ein mit einer Prise Heiligem Geist inspiriertes Menschenwort, sondern wortwörtlich von Allah mittels eines Engels offenbart ist. Übersetzen, ebenso wie interpretieren, darf man das natürlich, aber »Koran« ist eben nur der Originaltext. Woraus man jetzt auf besonderen Dogmatismus schließen könnte. – Oder aber auch nicht! Es ist nämlich so, dass das Arabische sehr vielfältig in-

terpretier- und übersetzbar ist. Manche Wörter können Dutzende von verschiedenen Bedeutungen haben. Stellen Sie sich zum Beispiel vor, das eingangs untersuchte Wort »Islam« wäre uns nicht im arabischen Original erhalten, und ich hätte es Ihnen nicht auseinanderdröseln können!
Was nun Paradies und Hölle betrifft, so gibt der Koran selbst netterweise einen Wink mit dem Zaunpfahl: In mehreren Versen, z.B. 47:16 und 13:35, verweist er auf die Tatsache, dass es sich um »Bilder« bzw. »Gleichnisse« handelt. Auch der Prophet Mohammed erklärte in einer Überlieferung, dass kein menschliches Auge je etwas dem Paradies Vergleichbares gesehen habe. Dass Himmel und Hölle keine materiellen Orte sind, sondern seelische Zustände des vollkommenen Friedens (der Gottesnähe) bzw. der grenzenlosen Trostlosigkeit (der Gottesferne), wusste zum Beispiel auch die islamische Mystikerin (!) Rabi'a al-'Adawiyya. Die lief mit einem Eimer Wasser und einer Fackel in der Hand durch die Straßen (was beweist, dass sie auch pädagogisch begabt war, denn auf so anschauliche Weise hat es sicher auch der Letzte kapiert). Als sie gefragt wurde, was sie damit bezwecke, antwortete sie: »Ich will Wasser in die Hölle gießen und Feuer ans Paradies legen, damit diese beiden Schleier verschwinden und niemand mehr Gott aus Furcht vor der Hölle oder in Hoffnung aufs Paradies anbetet. Sondern nur noch um Seiner ewigen Schönheit willen!«
Die Sache ist allerdings die, dass der Koran, das glauben Muslime zumindest, ein heiliges Buch ist, das sich an die gesamte Menschheit richtet. Wenn man eine so große Zielgruppe hat, muss man die Latte sehr, sehr niedrig hängen, weil es eben viele Menschen gibt, die man intellektuell oder spirituell nicht gerade als Leuchten bezeichnen würde. Denen muss man manche Dinge eben so vereinfachend erklären, dass die Gefahr

von Missverständnissen besteht ... Aber die, die ein bisschen Gewissen und Grips haben, kommen im Gegensatz zu den anderen irgendwann von alleine drauf, wie es gemeint ist. Es ist nämlich im Islam ganz einfach: Wenn es nach Blödsinn klingt, muss es falsch sein. »Habt Ihr denn keinen Verstand?«, heißt es – rhetorisch – gleich in der zweiten Sure (Vers 45). Allein das Wort »Verstand« taucht im Koran zweiundzwanzigmal auf.

In Bezug auf das Paradies heißt das: Natürlich versteht der Islam unter dem Paradies keinen Garten fleischlicher Männerlüste. Das arabische Wort für die »Huris« ist zunächst einmal geschlechtsneutral. Es bezeichnet nicht nur weibliche Wesen, sondern auch männliche. An einigen anderen Stellen scheint es sich alleine durch den Zusammenhang auf weibliche Wesen zu beziehen. In anderen Versen ist auch allgemein von »Gefährten/Gefährtinnen« die Rede und an wieder anderer Stelle von »Jünglingen« (»ghulam«). Die Eigenschaft der »Huris«, die Rudi Paret in seiner Koranübersetzung so hübsch mit »noch nicht entjungfert« übersetzt hat, kann man auch, naheliegender und weniger tendenziös, schlicht mit »rein«, »makellos« übersetzen. »Jungfräulich« im übertragenen Sinne eben. Eine Eigenschaft, die an die schon erwähnte Wurzel des Wortes »Islam« mit der Bedeutung »ganz« und »heil sein« denken lässt.

Letztlich besagt die Erwähnung der »Huris« und allgemein »Gefährten/Gefährtinnen« nicht viel mehr als: Im Diesseits gibt es eine Trennung der Geschlechter. Oder, allgemeiner gesprochen, gibt es zwei Pole – Yin und Yang. Das führt dazu, dass die Menschen sich immer irgendwie »halb« fühlen. Da fehlt einfach immer was. Sie laufen dann durch die Weltgeschichte und sind immer auf der Suche. Meistens richten sie dabei Unheil an. Manchmal entdecken sie aber auch nur Antibiotika, verfassen Meisterwerke der Weltliteratur oder komponieren Lieder. Manche vermessen mal eben komplett Südamerika, entdecken Pflanzen und Tiere und schreiben dabei noch einen Wälzer, der sämtliche Erkenntnisse der Naturwissenschaft zusammenfassen will, wie Humboldt.

Im Paradies dagegen ist es nicht mehr so. Da bekommt man gleich am Eingang sozusagen das fehlende, ganz makellose Stück an die vorderen Stirnlappen gepappt. Da ist nämlich, laut neurologischen Erkenntnissen, der Sitz der Spiritualität. Und das ist dann das vollkommene Nirvana, wissenschaftlich als (messbare!) »Entgrenzungserfahrung« bezeichnet. Bei den Zen-Buddhisten gibt es den Begriff »Satori«, im Islam »Fanaa« – »Auslöschung«. Gemeint ist damit wohl immer dasselbe – der Zustand des Einsseins mit Gott und der Welt. Im Koran zum Beispiel heißt es in Sure 50, Gott sei dem Menschen näher als die eigene Halsschlagader. Wenn man aber keine Zeit oder Lust hat, hinzuhören auf den Puls des Blutes, dann hat man auch selbst Schuld, wenn man irgendwann so ein megamäßiges Burnout hat, dass man zumindest versteht, was mit »Hölle« gemeint ist. Das wäre dann »Islam« als »Unterwerfung«.

Was jetzt noch offen bleibt, ist die Frage: Wann geht es denn so los damit, mit dem Paradies (oder der Hölle), und wo ist das? Über den Wolken? Auf der Erde, am Ende der Zeiten, wenn der Löwe neben dem Lämmlein liegt und so? Oder vielleicht eher jetzt und in einem selbst? Im Jenseits, also nach dem Tod, manifestiert sich nach der islamischen Lehre sozusagen lediglich unser Inneres, das, was wir normalerweise nicht oder nur undeutlich wahrnehmen. Im Koran heißt es, es läge ein »Schleier« auf der Seele – der manchmal aber schon ansatzweise in diesem Leben gelüftet wird (je nachdem, wie weit man es spirituell so bringt). Es ist also nicht so, dass nach dem Tod auf einmal alles ganz anders und völlig unvorhersehbar ist – vielmehr kennt man schon, was man da dann erlebt. In der zweiten Sure heißt es, dass die Paradiesbewohner, wenn ihnen die »Früchte« (ihrer Taten) gereicht werden, sprechen werden: »Das ist (dasselbe), was uns (schon) zuvor gegeben wurde!« (2:26). Das heißt, auf spirituelle Erfahrungen und den Zustand des inneren Friedens kann man schon in diesem Leben einen Vorgeschmack bekommen, aber erst nach dem Tod wird man sie voll auskosten können.

Gemäß Koran ist es auch nicht so, dass nach dem Tod plötzlich eine Instanz auftaucht, die willkürlich den einen in die Hölle und einen anderen in den Himmel schickt. Paradies und Hölle sind Seelenzustände, die man sich selbst einbrockt, und die Folge davon ist, dass die menschliche Seele sich nur selbst anklagt. Während man das Leid, das man sich selbst durch die bewusste Entfernung vom Zustand des Friedens zufügt, einzig sich selbst zuzuschreiben hat, gilt dasselbe umgekehrt, aber nicht uneingeschränkt für den paradiesischen Zustand. Es ist nicht so, wie oft behauptet wird, dass Allah als akribischer Richter mit einer überdimensionalen Waage die Taten der Menschen wiegt und sie entsprechend beurteilt. Gott ist am Tag des Jüngsten Gerichts nämlich nicht ein Richter, der ja an Gesetze gebunden ist, sondern »*Malik*«, das heißt König oder Herrscher. Zwar hat er, laut Koran, sich selbst »Barmherzigkeit vorgeschrieben« und fügt er dem Leid, das die Seele sich selbst zugefügt hat, niemals zusätzliches hinzu. Andererseits ist er jedoch jederzeit imstande, unverdienten Frieden zu schenken und die dunklen Flecken auf unserer Seele auszuradieren.

Das, was dem einen vielleicht ganz nett, dem anderen dagegen gruselig erscheinen mag ist: Man hat Verantwortung im Islam. Unmögliches wird nicht von einem verlangt, aber eben das Mögliche, oder zumindest, dass man sich Mühe gibt. Und ob man das tut, kann wirklich niemand anderes wissen als man selbst. Eigentlich haben wir, wie gesagt, auch schon jetzt eine Ahnung davon, was »Paradies« und »Hölle« sind. »Paradies« ist, wenn es einem rundum gut geht, wenn man in sich ruht und alles so nehmen kann, wie es kommt. Es gibt Leute, die schaffen das schon in diesem Leben, habe ich mir sagen lassen. »Hölle« ist das Gegenteil von Paradies. Wenn man nämlich unruhig und von Ängsten getrieben ist und das Gefühl hat, dem Schicksal ohnmächtig ausgeliefert zu sein. (Und dann gibt's noch so einen ganz akuten Höllenzustand, davon später mehr.) Ob tot oder lebendig – ich glaub, das macht gar nicht so viel Unterschied, nur dass man in diesem Leben – wegen des Schleiers – alles sozusagen gedämpft wahrnimmt. Übrigens glaubte das auch Wilhelm Busch, ein tief- und scharfsinniger Mann mit Neigung zur Mystik. Er schrieb in seinem letzten Brief: »Ich stehe auf der Grenze von Hier und Dort. Und fast kommt es mir vor, als ob beides dasselbe wäre …«

Koran zum Thema »vielfältige Interpretationsmöglichkeiten«:

»Siehst du nicht, wie Allah das Gleichnis eines guten Wortes prägt? (Es ist) wie ein guter Baum, dessen Wurzel fest ist und dessen Zweige in den Himmel reichen. Er bringt seine Frucht hervor zu jeder Zeit nach seines Herrn Gebot.« (14:25)

Koran zum Thema »Paradiesbeschreibungen als Gleichnisse«:
»Das Bild des Himmels, den Gottesfürchtigen verheißen: Ströme durchfließen ihn, seine Frucht ist immerwährend, wie sein Schatten (…)« (13:35)

»Ein Gleichnis vom Paradiese, den Rechtschaffenen verheißen: Darin sind Ströme von Wasser, das nicht verdirbt, und Ströme von Milch, deren Geschmack sich nicht ändert (…)« (47:16)

Koran zum Thema »Der Mensch/die Seele schadet sich selbst«:
»Nein! Ich rufe zum Zeugen die sich selbst anklagende Seele.« (75:3)

Hadith Qudsi zum Thema »Eins werden«:
Allah sagte: »Mein Diener nähert sich Mir am besten durch die Gebote, die Ich so sehr schätze und ihm auferlegt habe; und durch freiwillige gute Taten kommt er Mir noch näher, sodass Ich ihn liebe. Und wenn Ich ihn liebe, dann bin Ich sein Gehör, mit dem er hört, sein Auge, mit dem er sieht, seine Hand, mit der er greift, und sein Fuß, mit dem er geht.« (Bukhari)

Hadithe zum Thema »verbiestert sein«:
»Geht unter die Leute, damit euer Glaube nicht gefährdet ist, und treibt Spaß mit euren Familienangehörigen!« (Bukhari)

Hazrat Aisha begleitete eine Frau, die gerade mit einem der Anhänger des Propheten verheiratet wurde. Der Prophet sagte: »Oh Hazrat Aisha – habt ihr denn keine Zerstreuung? Meine Anhänger mögen die Zerstreuung gern!« (Bukhari)

Abdullah ibn Haarith berichtet: »Ich habe nie jemanden gesehen, der öfter gelächelt hat als der Gesandte Allahs, Gottes Friede und Segen seien mit ihm!« (Tirmidhi)

Der Koran als Kochbuch – Vom Sinn der Gebote

Wenn ich es richtig verstanden habe, ist einer der Unterschiede zwischen dem Katholizismus und dem Protestantismus folgender: Katholiken müssen was tun. Sie haben mehr religiöse Pflichten als Protestanten. Für die Protestanten genügt der Glaube (sola fide). Katholiken sind dagegen dazu angehalten, beispielsweise am Sonntag den Gottesdienst zu besuchen oder regelmäßig zu beichten. Deshalb ist Katholischsein heute peinlicher als Evangelischsein, scheint mir. Es gibt auch Katholiken, die das so sehen, zum Beispiel Matthias Matussek vom SPIEGEL. Es ist einfach heute ziemlich unangesagt, einer Religion anzugehören, bei der man sozusagen »fürs Seelenheil« was tun muss.

Noch weniger hip als Katholischsein ist es nun, dem Islam anzugehören. Einer der zahlreichen Gründe dafür ist, dass Gott im Islam so anspruchsvoll ist. Man muss durchaus was tun bei uns. Jeden Tag, den der liebe Gott werden lässt, und jede Stunde muss man sich anstrengen und Paradiespunkte sammeln. Was daraus folgt, ist klar: Was ein richtiger Muslim ist, so hat der so eine klassische Erbsenzählermentalität, hortet Paradiespunkte im Sparstumpf und holt sie täglich zum Zählen und Polieren raus. Wenn er seine eigenen fertig gezählt hat, zählt er die seiner Glaubensbrüder, ob die auch nicht mehr haben als er selbst. Falls sie mehr haben, ist er entweder neidisch oder hat Angst vor der Hölle. Falls sie weniger haben, ermahnt er sie mit erhobenem Zeigefinger und moralintriefenden frommen Ratschlägen.

Obwohl das jetzt natürlich ironisch gemeint war, muss man

zugeben: Tatsächlich sind nicht wenige Muslime wirklich so. Es stimmt auch, dass wir eine ziemlich unübersichtliche Fülle an Geboten haben. Man muss schon was tun. Die Frage ist nur, *was*? Wer diese übrigens nicht ganz unwichtige Frage beantworten will, macht jedenfalls einen Fehler, wenn er meint, dass auch Gott eine Kleinbürgermentalität hat. Alles Kleinbürgerliche ist eng, die Wahrheit (ein Name Gottes im Koran!) dagegen ist weit, und zwar in Westsumatra ebenso wie an der mecklenburgischen Seenplatte. Ehrlich.
Eine meiner Glaubensschwestern sagte mal Folgendes: »Der Koran ist so klar wie ein Kochbuch!« Dieser wunderbare Satz spricht Bände! Ich würde ihn eigentlich gerne unkommentiert stehen lassen. Schaffe ich natürlich nicht. Also, Tatsache ist: An idiotensicheren Handlungsanweisungen mangelt es nicht bei uns – da kann sich keiner beklagen. Aber es besteht die Möglichkeit – und ist sogar ziemlich wahrscheinlich –, dass man das »Rezept« irgendwann im Schlaf kann. Ja, es so beherrscht, dass man es längst virtuos variieren kann wie Beethoven seine Klaviersonaten und demzufolge nicht mehr braucht. Manche Gebote funktionieren also ein bisschen wie Kochrezepte: Zumindest die besagten idiotensicheren Handlungsanweisungen unter den Geboten sind tatsächlich so etwas wie Krücken. Nun würde ja auch niemand behaupten, Kochrezepte und Krücken gehörten grundsätzlich abgeschafft. Sie sind durchaus hilfreich. Letztere kann man nutzen, um spirituell damit gehen zu lernen. Was übrigens ein Prozess ist, der das ganze Leben durchzieht, so dass man die Dinger nicht voreilig wegwerfen sollte. Bedauerlich ist aber, dass viele ihre Krücken nur dazu verwenden, um anderen, die schon besser (oder anders) gehen als sie selbst, damit eins überzuziehen ... Da dies leider oft geschieht, stehen viele Menschen Geboten inzwischen sehr

skeptisch gegenüber. Ein weiterer Grund ist die durchaus berechtigte Befürchtung, eine vorgeschriebene, starre, praktische Umsetzung des Glaubens könne eine Abfolge sinnentleerter Riten sein, die eine lebendige Kommunikation mit Gott nicht fördern, sondern eher behindern.

Wichtig ist es in diesem Zusammenhang, dass Menschenbild des Islam zu verstehen: Im Koran heißt es einerseits, der Mensch sei »schwach erschaffen« – andererseits hat er aber Handlungs- und Entscheidungsfreiheit. Ein Mensch ist im Islam weder ein Gott noch ein Wurm, sondern eben ein Mensch. Im Rahmen seiner Möglichkeiten soll und kann er sich anstrengen, für sich selbst Sorge zu tragen und sich in jeder Situation nach bestem Wissen und Gewissen für das Gute zu entscheiden. Nicht mehr, aber auch nicht weniger, denn der Islam ist »der Weg der Mitte«. Gebote und religiöse Pflichten bieten daher, richtig umgesetzt, Hilfe und guten Rat.

Es gibt viele Gebote und Bräuche im Islam, die man nicht voreilig und überheblich als »Krücke« verwerfen sollte. Wenn man genau drüber nachdenkt, erkennt man nämlich, dass der dahinter stehende Sinn sehr vielfältig ist. Zum Teil sind sie, ganz oberflächlich betrachtet, auch einfach praktisch. Zum Beispiel die Hygienevorschriften. Wir waschen uns anlässlich der Ritualgebete nämlich nicht nur mehrmals täglich Hände und Gesicht, sondern praktizieren bereits seit fast anderthalb Jahrtausenden regelmäßig die so genannte Ganzkörperwaschung. Eine Praxis, die noch im Abendland des achtzehnten Jahrhunderts auf großes Befremden stieß. (Es soll da überall ziemlich gestunken haben …) Des Weiteren grüßen und essen Muslime nur mit der rechten Hand, die linke ist gewissen anderen, weniger netten Tätigkeiten vorbehalten. Im Mittelalter ist an den Muslimen durch solche Tricks und Kniffe manch eine Seuche vorübergegangen. Auch heute noch kann man ganz schnell in Situationen geraten, in denen die Einhaltung solcher Gebote durchaus sinnvoll ist. Ähnlich verhält es sich mit dem Alkoholverbot: Ein kleiner Schwips mag ja ganz lustig sein. Dass aber der gesellschaftlich geduldete exzessive »Gebrauch« der Droge Alkohol in diesem unserem Lande jede Menge Elend schafft, kann man ja kaum ernsthaft bestreiten.

Und dann die regelmäßigen Gebete. Natürlich kennen wir im Islam auch nicht ritualisierte, private Gebete, die sich »Du'as« nennen – und zwar zahllose. Aber nur die fünfmal täglichen Ritualgebete sind vorgeschrieben. Ich persönlich empfinde das auch nicht als Zwang – jedenfalls nicht mehr als den gesellschaftlichen Druck, sich ab und zu die Zähne zu putzen. Es ist einfach eine Frage von minimaler Disziplin, von der man nur selbst profitiert. Die Ritualgebete sollten, sofern irgend möglich, nicht alleine verrichtet werden. Ihr Sinn und Zweck ist äußerst vielfältig. Zunächst einmal fördert die gemeinsame Verrichtung den Gemeinschaftsgeist und schweißt unter Umständen emotional regelrecht zusammen. Dazu trägt wohl auch die vorgeschriebene körperliche Berührung der Betenden bei. Das gemeinsame Gebet lässt soziale Unterschiede verschwinden. In einer Moschee stehen Arme und Reiche, gesellschaftlich Stigmatisierte und Honoratioren nebeneinander. Es gibt keine Extrawürste für Bürgermeister oder Nobelpreisträger, denn der »Angesehenste von euch ist der, der unter euch der Gerechteste ist« (49:14). Dass Frauen nicht direkt neben oder vor den Männern beten, hat ursprünglich nichts mit Ausgrenzung, sondern einzig und allein mit der Anziehungskraft zwischen den Geschlechtern zu tun. Frauen dürfen und sollen Moscheen besuchen. Sie haben spirituell exakt dieselben Bedürfnisse und Fähigkeiten wie Männer, denn die

menschliche Seele (arabisch »nafs«) hat kein Geschlecht. Früher beteten die Frauen meist einfach *hinter* den Männern. Der Anblick fremder Frauen in der Position der Niederwerfung ist zwar durchaus dazu angetan, in pubertären arabischen Hormonbomben männlichen Geschlechts Gefühle hervorzurufen. Nur eben keine spirituellen. Im christlichen Gottesdienst saßen bis vor einem halben Jahrhundert Frauen und Männer ja auch nicht »durcheinander«, sondern hübsch und gesittet nach Geschlechtern getrennt.
Die Körperbewegungen beim Gebet ähneln zum Teil Yoga-Haltungen und wirken sich positiv auf die seelische und körperliche Gesundheit aus. Zum Teil werden die Gebete laut rezitiert. Es gibt in islamischen Ländern Koran-Rezitationswettbewerbe, und ich bin sicher: Wenn es stimmt, dass im Himmel alle singen, dann klingen diese Sphärengesänge wie die schönsten dieser Rezitationen – nämlich göttlich (… obwohl ich ganz persönlich Ruhe auch ziemlich himmlisch finde!). Interessant ist in diesem Zusammenhang auch die Tatsache, dass Musik und sprachliche Information, aus denen so ein Gebet ja besteht, bekanntermaßen in unterschiedlichen Hirnhälften verarbeitet werden. Man regt also beide gleichzeitig an. So ein islamisches Gebet ist also, das kann man wohl sagen, ein sehr ganzheitlicher Akt.
Wir haben viele Gebote. Stimmt. Aber: Weder erkauft man sich mit der kleinkarierten Einhaltung der Gebote das Paradies, noch sind alle gleichermaßen verpflichtend und unflexibel in der Auslegung, wie es muslimische und islamophobe Kleingeister uns gerne glauben machen. Die Gebete zum Beispiel kann man bei Bedarf bzw. in bestimmten Situationen zusammenfassen, verkürzen, nachholen, im Sitzen, Liegen oder Gehen und auch ohne vorherige Waschung mit Wasser ver-

richten. Man kann (und soll) ihnen mit zusätzlichen eigenen Worten die individuelle Note verleihen, und weiß man nicht, wo Mekka liegt, kann man auch Richtung Nordpol beten. Und so weiter und so fort. Selten erwähnt wird die Tatsache, dass die wenigsten der bekannten islamischen Riten, Regeln, Gebote und Gesetze, das, was man als die berüchtigte »Shari'a« betrachtet, unveräußerliche Bestandteile der islamischen Lehre sind. Diese Handlungsanweisungen stammen nämlich mitnichten alle aus erster Hand – sprich, von »ganz oben«. Das, was wir fälschlich als »Shari'a« bezeichnen, ist in Wirklichkeit zum allergrößten Teil »Fiqh«, das heißt, von mittelalterlichen Theologen mit starker Tendenz zum Pharisäertum begründete Rechtssprechung. Nun ändert sich die Realität zuweilen, das Denken der Pharisäer jedoch nie. Das völlig missverstandene Wort »Shari'a« hat eine wunderschöne Bedeutung. Es heißt »Weg zur Quelle«! Während also die »Shari'a« lediglich eine Art Kompass darstellt, der uns zur Einheit mit Gott (die »Quelle«) leiten soll, kann man das mittelalterliche »Fiqh« dagegen wie eine Landkarte verstehen. Eine *mittelalterliche* Landkarte. Und versuchen Sie einmal, mit einem Stadtplan aus dem Baghdad des 12. Jahrhunderts den Weg zur nächsten Mc-Donalds-Filiale zu finden! Sehen Sie?

Es gibt im Islam ganz allgemeine ethische Grundsätze und auch ein paar unveräußerliche, festgelegte Gebote, die aber alle flexibel umsetzbar sind. Und dann haben wir noch eine Unmenge von Geboten, die entweder auf besagtem »Fiqh« basieren – sprich einer heute wenig dienlichen, halb mumifizierten Landkarte aus Kamelleder – oder aber auch auf »Hadith« und »Sunna«, der überlieferten Praxis des Propheten. Ist Letzteres der Fall, ist dann sozusagen ohnehin ganz offiziell das Feilschen und Diskutieren erlaubt. Verpflichtend (arabisch

»Fars«) sind solche Gebote auch nicht, denn was »Sunna« ist, kann, per definitionem, nicht »Fars« sein (Sunniten, also Anhänger der »Sunna«, geben das aber meist nur zähneknirschend zu). Mir ist, nebenbei bemerkt, auch nicht bekannt, dass der Prophet Mohammed jemals Anweisungen gegeben hätte, seine Meinung oder sein Verhalten in einer bestimmten Situation hirnlos detailgetreu zu imitieren und, völlig aus dem Zusammenhang gerissen, als der Weisheit letzter Schluss der Nachwelt einzubläuen. Also, nicht dass ich wüsste. Vielleicht ist da draußen aber irgendein Taliban, der es besser weiß …

»Sunna« ist nämlich nicht nur der Wüstensand in den Sandalen, sondern auch, weise und umsichtig zu sein, mitzudenken und sich je nach den Erfordernissen unterschiedlich zu verhalten! Unveräußerlich sind im Islam gewisse Grundprinzipien. Hinter dem Alkoholverbot steht zum Beispiel das übergeordnete Gebot, den Körper nicht zu schädigen und sich nicht in einen Zustand zu versetzen, in dem man nicht mehr Herr seiner Sinne ist, sprich Gott und sich selbst vergisst (5:92). Ist Alkohol dagegen in Medikamenten enthalten und dient der Gesundheit, ist er nach Ansicht vieler durchaus erlaubt, zumal der Koran selbst auch seine positiven Aspekte erwähnt.

Aufschlussreich ist in diesem Zusammenhang ein Hadith. Der Prophet Mohammed erließ nämlich das Gebot, seinem Bruder in jeder Situation zu helfen. Auf die Frage hin, wie es sein könne, dass man ihm grundsätzlich helfen solle, auch wenn er womöglich Schlechtes täte, antwortete der Prophet: »Dann hilft man ihm, indem man ihn daran hindert, das Schlechte zu tun!« So einfach ist das.

Ohne Form geht's nicht im Islam, einfach, weil Form und Inhalt im Islam eine Einheit bilden und Glauben ohne Praxis ein Unding ist. Denn Form und Inhalt beeinflussen sich auch gegenseitig, so wie sich Körper und Seele beeinflussen. Die Form ist das Vehikel für den Glauben. Was aber ist überhaupt »Glaubenspraxis«? Was heißt »Gebote« einhalten? Tag und Nacht ritualbeten, fasten, auswendig lernen und Erbsen zählen? Glauben ohne Praxis, Inhalt ohne Form, »lauteren Geist« ohne Körper gibt's im Islam nicht. Es bleibt aber die Frage, wie ich die Gebote umsetzen soll und wer die Autorität ist, die mir dieses »Wie« erklärt.

Da gibt es zum Beispiel die unangenehme Tatsache, dass Gebote sich zuweilen gegenseitig in die Quere kommen. Was dann? Muss ich nun als Muslim wirklich denken, ich komm in die Hölle, wenn ich ein Gebot nicht befolge, weil ein anderes gerade wichtiger scheint? Als Beispiel einmal die Islamversion von »Sterntaler«: Kommt ein dreiviertelerfrorenes Waisenkind auf mich zu, und ich schenk dem mein Kopftuch, denn das ist aus Alpakawolle und wärmt, schließlich ist ja Winter. Da nehme ich das natürlich ab. Ist das eine Sünde? Antwort: Nein, natürlich nicht. Die Rettung frierender Waisenkinder steht in der Rangliste wichtiger islamischer Gebote nämlich ziemlich weit oben. Jedenfalls weiter oben als Uniform-Kopftuch-Tragen.

Es ist nämlich so, dass die Absicht – einzig und allein die Absicht! – im Islam den Wert einer Tat ausmacht. Wie man an dem Beispiel des unter Umständen erlaubten Alkoholkonsums und auch Schweinefleischessens erkennen kann. Übrigens: Stichwort »Islam und Aufklärung« – wussten Sie, dass Kant exakt derselben Ansicht war? In seiner »Grundlegung zur Metaphorik der Sitten« erklärte er, dass das, was ohne Einschränkung für gut gehalten werden könne, »allein ein guter Wille » sei. Und die Quintessenz der berühmten Ringparabel in »Nathan der Weise« aus der Feder des ziemlich islamophilen Lessing erinnert verdächtig an einen Koranvers. Die Ringparabel besagt, dass die Gläubigen sich nicht bekriegen oder in rechthaberischen Diskussionen ergehen, sondern vielmehr ihre jeweilige Religion durch das eigene vorbildliche Verhalten »adeln« sollten. Dieselbe Aussage finden wir im Koran, wo es heißt, dass die Vielfalt der Glaubensrichtungen von Gott durchaus beabsichtigt sei. An die Anhänger der verschiedenen Religionen gerichtet heißt es: »Wetteifert darum miteinander in guten Werken!« (5:49)

Arabisch heißt die besagte Absicht »Niyat«. Vorm Fasten und vorm Beten zum Beispiel muss man die Absicht haben und formulieren, dass man eben vorhat, zu fasten und zu beten. Kommt dann vielleicht irgendwas Unvorhergesehenes dazwischen, gilt's sozusagen trotzdem. Dabei ist das gar keine neue, superaufgeklärte, gewagte Interpretation von mir, wie man jetzt vielleicht denken mag. Kein »Wunsch-Islam«, den ich mir hier zurechtzimmere, was ich nur deshalb kann, weil ich in einem demokratischen Land lebe und schon vor dem Islamübertritt das eigenständige Denken gelernt habe, etc. Nein, so ist es nicht! Es ist vielmehr ein allseits bekannter Teil der islamischen Lehre, dass es im Blick auf die Einhaltung der Gebote und religiösen Pflichten immer auf die Absicht und auch auf die Umstände ankommt, um zu entscheiden, was richtig und was falsch ist. Es geht immer um das jeweilige »Gebot der Stunde«.

Beispiel: Fasten ist gut. Steht im Koran. Im Ramadan sogar vorgeschrieben. Faste ich aber, weil ich magersüchtig bin oder so, ist es schlecht. Es wäre sogar verboten. Kranke dürfen nicht, und die Motivation wäre auch falsch. Faste ich, damit meine Nachbarn nicht lästern – dann ist es auch schlecht, weil meine Motivation auch die falsche wäre. Faste ich, weil ich eh nichts zu essen habe, ist es vielleicht nicht gerade eine Sünde, aber natürlich auch nichts Gutes. Es sei denn, ich habe zwar einerseits nichts zu essen, andererseits aber eine gute Absicht. Dann gilt's wieder, vielleicht sogar doppelt. Faste ich als Kind – schlecht! Kinder im Wachstum dürfen gar nicht fasten. Faste ich als Schwangere – desgleichen! Faste ich mit Bluthochdruck und nehme meine Tablette deshalb zu spät – ganz ganz schlecht! Da komm ich wegen Blödheit direkt in die Hölle, wenn ich einen Schlaganfall kriege! – Alles, was der Gesundheit schadet, ist verboten. Also, bitte richtig verstehen: Das Fasten ist in all diesen Fällen nicht nur einfach nicht verpflichtend oder auch nicht so ganz richtig. Es ist schlichtweg verboten. Praktisch eine Sünde. Es geht beim islamischen Fasten auch nicht darum, möglichst doll und lange zu hungern. Wie Sie vielleicht wissen, geht es ohnehin nur vom Anbruch der Morgendämmerung bis zum Sonnenuntergang. Ausgehend vom eigenen Weltbild mag man nun denken, der »Oberfaster« im Islam sei derjenige, der ganz wenig isst und das Abendessen auch noch eine Stunde rauszögert. Das ist aber falsch. Auch morgens soll man essen, und es heißt, derjenige sei »der Beste«, der das Fasten abends zuerst breche.

Ohne Gebote geht's also nicht, im Islam, und auch ohne Autorität nicht. Dass ein »Gebot« aber nicht unbedingt die sture und starre Imitation irgendwelcher verstaubter Riten sein muss, hätten wir geklärt, hoffe ich. Nun stellen Sie sich sicher die noch offen gebliebene Frage, wer die Autorität ist, die den Shari'a-Kompass ablesen darf. Die Antwort ist: Man selbst. Irgendwann. Nämlich erst dann, wenn man sozusagen ein religiöses Reifezeugnis erworben hat – siehe Kochbuch-Koran! Der Kompass nennt sich, wie gesagt, »Shari'a«, und die Richtung, in die der Kompass uns führt, nennt sich im Islam »Qibla«. Dieses Wort bezeichnet nach offiziellem Verständnis die Gebetsrichtung, die für alle gleich ist, nämlich Richtung

Mekka. Da aber alles im Islam auch einen metaphorischen Aspekt hat, bezeichnet »Qibla« auch unsere innere Ausrichtung. Zum Thema »Qibla« gibt es nun einen aufschlussreichen Koranvers. Gleich am Anfang, in der zweiten Sure, in der die grundlegendsten Aspekte der islamischen Lehre erklärt werden – erläutert der Koran die Sache mit der Qibla. Es heißt dort, es käme der Zeitpunkt, da der Prophet, bekanntermaßen das Vorbild aller Muslime, sich nach der Qibla richten dürfe, die ihm gefalle… Nämlich dann, wenn aus dem »äußeren Vorbeter« ein »innerer Vorbeter« geworden ist. Auf die Frage, wann das bei jedem Einzelnen denn wohl der Fall ist, antworte ich: Das weiß ich nicht. Nicht einmal für mich selbst. Aber ich habe einen Tipp: nur keine falsche Bescheidenheit vorschützen – dafür umso mehr *echte*.

Koran zum Thema »Glaubensvielfalt«:
»Und hätte Allah gewollt, Er hätte euch alle zu einer einzigen Gemeinde gemacht, doch Er wünscht euch auf die Probe zu stellen durch das, was Er euch gegeben. Wetteifert darum miteinander in guten Werken.« (5:49)

Koran über den »Konsum prinzipiell verbotener Dinge«:
»Sie fragen dich über Wein und Glücksspiel. Sprich: ›In beidem ist großes Übel und auch Nutzen für die Menschen; doch ihr Übel ist größer als ihr Nutzen‹.« (2:220)

»Verwehrt hat Er euch nur das von selbst Verendete und Blut und Schweinefleisch und das, worüber ein anderer Name als Allahs angerufen worden ist. Wer aber durch

Not getrieben wird – nicht ungehorsam und das Maß überschreitend –, für ihn soll keine Sünde sein. Allah ist allvergebend, barmherzig.« (2:174)

Koran zum Thema »Befolgung von äußerlich sichtbaren Geboten«:
»Wehe denen, die ihre Gebete sprechen, doch ihres Gebetes uneingedenk sind, die nur gesehen werden wollen, und die kleinen Dienste nicht erweisen.« (Sure 107)

Koran zum Thema »Irgendwann ist man sein eigener Imam«:
»Wir sehen dich oft dein Antlitz gen Himmel wenden; sicherlich werden Wir dann dich nach der Qibla kehren lassen, die dir gefällt.« (2:144)

Hadith zum Thema »flexible Umsetzung von Geboten«:
Anas (r) überliefert auch, dass der Gesandte Allahs (s) sagte: »Hilf deinem Bruder, gleich ob er ein Unterdrücker ist oder unterdrückt wird.« Darauf fragte ein Mann: »Oh Gesandter Allahs! Ich sehe ein, ihm zu helfen, wenn er unterdrückt wird; doch bitte sag mir, wie kann ich ihm denn helfen, wenn er ein Unterdrücker ist?« Er antwortete: »Hindere ihn, Unrecht zu tun. Denn ihn daran zu hindern ist eine Hilfe für ihn.« (Bukhari)

Hadith zum Thema »Absicht«:
»Ich hörte den Heiligen Propheten (s) sagen: ›Taten werden allein von ihren Absichten bestimmt. Man wird nur das bekommen, was man wirklich beabsichtigt. Die Auswanderung einer Person, die aufrichtig beabsichtigt, zu

Allah und Seinem Gesandten auszuwandern, wird sie zu Allah und Seinem Gesandten führen. Wer immer jedoch nur aus dem Grund auswandert, weltliche Ziele zu erlangen, wird nur weltliche Ziele bekommen. Wenn ein Mann mit der Absicht auswandert, eine Frau zu heiraten, wird dieses seine Belohnung sein.‹« (Bukhari)

Hadith zum Thema »Fasten«:
Abu Hurairah zufolge sagte der Prophet, Gott habe gesagt: »Von meinen Dienern ist mir derjenige der liebste, der sein Fasten schnell bricht.« (Tirmidhi)

Hadith zum Thema »Frauen und Moscheebesuch«:
Der Gesandte Allahs sagte: »Hindert Frauen nicht daran, Moscheen zu besuchen!« (Muslim)

Unangenehm extrem

Die Muslime übertreiben immer irgendwie. Im Ramadan zum Beispiel trinken sie tagsüber nicht mal – und abends wird richtig reingehauen und Party gemacht!

Das ist, ehrlich gesagt, nicht ganz unrichtig. Viele sind wirklich so. Sehr viele denken auch, wenn sie nicht sofort »alles richtig« machen, dann bräuchten sie gar nicht erst anfangen. Dieses »Alles-richtig-Machen« bezieht sich natürlich vorwiegend auf die Äußerlichkeiten, und damit ist die Einstellung schon mal doppelt falsch. Bei vielen verhält es sich dann so: Erst wenn sie in Mekka gewesen sind, und das ist meist eher so nach der Lebensmitte, versuchen sie, alles ganz korrekt zu befolgen und alle Gebote einzuhalten. Als mein Mann und ich einmal in Marrakesch waren, lernten wir ein junges Paar kennen. Sehr sympathisch, und das Mädchen bildhübsch. Auch Marrakesch ist wunderschön und genau wie sein Ruf! Es ist toll! Es ist ein Traum aus tausendundeiner Nacht! Nur schade, dass wir es irgendwie nicht geschafft haben, die Medina zu finden, die angeblich die größte im ganzen Maghreb sein soll. Da haben wir wohl wirklich irgendwas übersehen, obwohl wir eine ganze Woche da waren. Ein Grund mehr, da noch mal hinzufahren, denn die verschachtelten, uralten Medinas sind doch das Allerbeste! Gott sei Dank sind mein Mann und ich uns da einig, und wir wissen schon, welche Gegenden wir noch mal näher erkunden werden, wenn wir in Rente sind.

Also, das nette junge Paar aus Marrakesch, das wir dort kennen gelernt haben, war nicht verheiratet – und vorehelich was am Laufen zu haben, das geht eigentlich so was von gar nicht, unter Muslimen. Wobei es natürlich auch sein kann, dass da gar nicht so wahnsinnig viel lief, bei den beiden. Das Mädchen war nicht gerade übermäßig korrekt islamisch gekleidet, und regelmäßig gebetet haben die beiden auch nicht. Damit habe ich natürlich nicht das geringste Problem, und darum geht es auch gar nicht. Worauf ich hinaus will, ist vielmehr, dass oft –, gerade Muslime, die selber nicht so richtig »praktizieren« – zumindest die äußeren Gebote nicht konsequent beachten gerne Vorträge darüber halten, wie wichtig dieselben sind und dass es andere ganz falsch machen. Sie haben einfach eine völlig überhöhte Idealvorstellung davon, wie es eigentlich sein müsste, dass sie in Bezug auf sich selbst den Kopf in den Sand stecken und gar nichts machen. Und wenn andere versuchen, halt irgendwo und irgendwie anzufangen, dann sind sie die Ersten, die kommen, und einem das Tuch zurechtzippeln. Vermutlich mit der allerbesten Absicht, nämlich, um zu verhindern, dass frau wegen der sichtbaren Härchen in die Hölle kommt.

Das tat die Marokkanerin, die übrigens Leila hieß, jedenfalls, als ich in die Moschee gehen wollte. Sie erklärte mir dann auch, wie es alles eigentlich sein müsste, und dass sie, wenn sie verheiratet wäre, oder spätestens nach der Pilgerfahrt, auch ganz bestimmt immer alles richtig machen und nie wieder verbotene Sachen tun würde. Fahrrad fahren zum Beispiel. Im Ernst. Fahrrad fahren! Das sagte sie! So ein hanebüchener Stuss – als ob nicht auch Hazrat Aisha, die ebenso intelligente wie selbstbewusste Frau des Propheten, Sport getrieben hätte und auf Kamelen geritten wäre. Sogar in die Schlacht ist sie gezogen!! Also, mit Leila hab ich darüber dann nicht mehr weiter diskutiert, über das Thema Fahrrad fahren – und nicht nur wegen ihrer mangelnden Englisch- und meiner mangelnden Französisch- und Arabischkenntnisse. In solchen Momenten überkommt mich nämlich dann oft so eine bleierne Müdigkeit ... Meine seit mindestens zehn Jahren extremst und dauergestresste Schwägerin hatte kürzlich so eine Idee: Irgendwann geht man vielleicht mal in ein Krankenhaus, blättert ein paar hundert Euro auf den Tisch und sagt: »Eine Woche künstliches Koma bitte!« – Das wär's!

Ach ja, und noch so ein Klopfer! Mein Mann und ich waren mehrmals in Indonesien! Indonesien ist auch so ein tolles Land, und das Allertollste ist das Essen. Wenn man in Bali in einem winzigen, in allen Details liebevoll gestalteten, mit kleinen Springbrunnen und Grünpflanzen dekorierten Restaurant gesessen und eins von diesen unvorstellbar leckeren Menüs für (damals) einen einzigen Euro gegessen hat, während im Hintergrund diese einschläfernd-meditative balinesische Musik läuft, dann weiß man, was man im Paradies zu erwarten hat. Ehrlich. Die Leute sind unglaublich sanft und kinderlieb und sogar die Männer tragen oft eine Blüte hinterm Ohr. So müssen die Huris sein. Die männlichen. Obwohl ... ehrlich gesagt, finde ich das ein klitzekleines bisschen schwuchtelig ... Egal. Also – auf Bali leben zwar hauptsächlich Hindus, aber Moscheen gibt es trotzdem. Und nun kommt es: Als mein Mann dort zum Beten rein wollte, wurde er freundlich auf die einzuhaltenden Formalia hingewiesen, die in Bali darin bestehen, dass auch Männer einen Sarong anziehen müssen. So einen Wickelrock! – Ist das nicht zum Brüllen? Ich meine, ein Sarong ist nun nicht das islamischste aller denkbaren Kleidungsstücke, obwohl er früher möglicherweise auch in Arabien getragen wurde.

Wie ist es also mit Extremen? Muss man extrem sein als Muslim? Darf man nur mit Sarong und ohne, dass die kleinste Haarsträhne unter dem Schleier hervorlugt, beten? – Vielleicht können Sie es sich schon denken. Extremismus ist das Gegen-

teil von Islam. Unter den Muslimen sind viele »150%-ige«. Die meinen natürlich, sie seien die »wahren« Muslime, aber da irren sie sich. Extremismus ist das exakte Gegenteil von »Islam«. Abgesehen von der Tatsache, dass Leila offensichtlich auch das mit der »Niyat«, also der Absicht, auf die es ankommt, nicht wusste. Mir ist nicht ganz klar, wie manche Leute auf die Idee kommen, es sei zum Beispiel besser, gar nicht zu beten als formal inkorrekt oder mit sichtbaren Haarsträhnen. Es ist mir schlicht ein Rätsel. Im Koran steht so was jedenfalls nicht. Also, prinzipiell ist Extremismus jeder Art unislamisch, wobei man natürlich darüber diskutieren kann, welche Gebote die wichtigsten sind und wo man anfängt, beim Beachten dieser Gebote extrem zu werden. Da gehen die Meinungen wohl ziemlich auseinander. Aber die Tugend des »Maßhaltens« ist etwas ganz Fundamentales im Islam. Der Islam ist der »Weg der Mitte« und Muslime werden im Koran (2: 144) als das »gemäßigte Volk« bezeichnet, was dann auch in Gegenrichtung interpretiert werden kann: Gemäßigte Menschen sind »Muslime« im ursprünglichen Wortsinn. Zum Beispiel heißt es im Koran, man solle nur so viel spenden, wie man wirklich entbehren kann, um nicht selbst in Armut zu enden und so entweder die »gute Tat« zu bereuen oder anderen auf der Tasche zu liegen.
In zahlreichen Versen des Korans, ebenso wie in vielen Hadithen wird gemahnt, dass extreme Verhaltensweisen jeder Art falsch und gefährlich sind. Wobei der Koran unter »Extremismus« nicht nur das versteht, was die Medien heute in Bezug auf den Islam meist darunter verstehen – nämlich potentielle Terroristen, die im Namen der Religion Andersgläubige töten, sondern schlicht alle, die übertreiben. Die im »Paradies«-Kapitel erwähnten Vertreter, die »ohn' Unterlass« Buße tun wollen und mit Leichenbittermiene herumlaufen. Spaßbremsen.

Gleich in der ersten längeren Sure des Korans, in der die wichtigsten islamischen Grundprinzipien dargelegt werden, gibt es mehrere Hinweise darauf, wie falsch Extremismus ist.
Der Islam soll eine »einfach zu befolgende« Religion sein, und wer den Islam als einen extremen, komplizierten und schwer zu befolgenden religiösen Weg darstellt, hat nicht nur nichts verstanden, sondern trägt außerdem die Schuld, wenn die Menschen mit solcher Art von Religiosität nichts zu tun haben wollen. Ich weiß: Es ist kaum zu glauben. Ist aber so. Jeder Islamwissenschaftler wird Ihnen das bestätigen. Was zur Diskussion steht, ist lediglich die Frage, wo es anfängt, das Extrem … Übrigens hat die Vorstellung, nur die vollkommen »korrekte« Ausübung des Glaubens sei richtig, auch etwas mit dem (vermurksten) Weltbild zu tun. Nämlich mit der Vorstellung, dass von den beiden Polen, die unsere gesamte Schöpfung bestimmen, einer irgendwie »richtig« und »gut«, der andere dagegen »falsch« oder »böse« sei. Das sieht der Islam nicht so. Dazu mehr im folgenden Kapitel.

Koran zum Thema »Askese und Extremismus«:

»O Kinder Adams, leget euren Schmuck an (zu jeder Zeit und) an jeder Stätte der Andacht, und esset und trinket, doch überschreitet das Maß nicht; wahrlich, Er liebt nicht die Unmäßigen. Sprich: ›Wer hat den Schmuck Allahs verboten, den Er für seine Diener hervorgebracht, und die guten Dinge der Versorgung?‹« (7:32f)

»O die ihr glaubt, erklärt nicht als unerlaubt die guten Dinge, die Allah euch erlaubt hat, doch übertretet auch nichts!« (5:88)

»Die Diener des Gnadenreichen sind diejenigen, die in würdiger Weise auf Erden wandeln, und wenn die Unwissenden sie anreden, sprechen sie: ›Frieden!‹ (...) Und die, wenn sie spenden, weder verschwenderisch noch geizig sind, sondern maßvoll dazwischen (...)« (25:64ff)

Koran zum Thema »Islam ist leicht zu befolgen«:
Wir haben den Qur-n leicht gemacht, danach zu handeln. Ist also einer, der ermahnt sein mag? (54: 23, 33, 41)

»Der Monat Ramadan ist der, in welchem der Qur-an herabgesandt ward: eine Weisung für die Menschheit, deutliche Beweise der Führung und (göttliche) Zeichen. Wer also da ist von euch in diesem Monat, der möge ihn durchfasten; ebenso viele andere Tage aber, wer krank oder auf Reisen ist. Allah wünscht euch erleichtert und wünscht euch nicht beschwert, und dass ihr die Zahl (der Tage) erfüllen und Allah preisen möchtet dafür, dass Er euch richtig geführt hat, und dass ihr dankbar sein möchtet.«

Hadith zum Thema »Islam ist leicht zu befolgen«:
»Ibn Masud berichtete, dass der Prophet sagte: ›Ruiniert sind jene, die darauf beharren, dass der Glaube mühselig sei!‹ Er wiederholte dies dreimal.« (Muslim)

Anas Ibn Malik zufolge sagte der Prophet: »Erleichtert und erschwert nicht! Tröstet und schürt keinen Hass.« (Muslim)

Adam, Eva und die Sache mit der Gleichberechtigung

Übersetzungen Heiliger Schriften aus dem Urtext sind einerseits gut und nützlich. Nicht jeder spricht ja fließend Arabisch oder Aramäisch. Andererseits aber ist eine Übersetzung immer auch eine Interpretation und kann leicht zu Missverständnissen führen. Das gilt nicht nur im Hinblick auf den Koran, sondern auch für die Bibel. Auch in der gab es hinsichtlich der Rolle und der Bewertung des Weiblichen in den Originaltexten sehr hübsche und aus emanzipatorischer Sicht aufschlussreiche Passagen. Irgendwann wurden die dann wegübersetzt. Von wem, möchten Sie wissen? – Na, so verschiedene Typen, deren Hauptmerkmal es war, dem männlichen Geschlecht anzugehören. Da fiel bei der Übersetzung schon mal so das ein oder andere unwichtige Detail unter den Tisch. Beispielsweise wurde das griechische »Adelphoi« selbstredend mit »Brüder« übersetzt, obwohl es eigentlich auch die Schwestern mit einschließt und somit »Geschwister« heißen sollte.

Die Heiligen Schriften wurden also durch diese Männer-Brille gelesen und entsprechend übersetzt. Beim Koran ist aber praktischerweise der Originaltext erhalten. Darin können wir hoch Interessantes entdecken. Über das Thema vermeintlich keusche Paradiesjungfrauen, die erstens eine Metapher und zweitens nicht weiblich sind, wissen Sie ja schon Bescheid.

Was nun das Verhältnis der Geschlechter angeht, sieht es der Koran wie heute die Psychologin Susan Pinker (»Das Geschlechter-Paradox«) und einige der Damen vor allem aus der ersten Frauenbewegung, zum Beispiel Helene Lange. Ihrer

Auffassung zufolge sind Männer und Frauen tatsächlich unterschiedlich. Das ist aber noch kein Grund zur Aufregung. Der springende Punkt – jetzt wird's ein bisschen kompliziert – ist Folgender: Letztlich entscheidet das Welt- und Gottesbild, das wir zu Grunde legen, darüber, ob es frauenfeindlich ist zu behaupten, Männer und Frauen seien nicht gleich.
In der christlichen Theologie ging man meistens davon aus, dass der Satan das absolut Böse und sozusagen der »Gegenpol« zu Gott sei, wobei man sich von antiken Philosophien und gnostischen Lehren beeinflussen ließ. Nun existiert ja fast alles in der Welt paarweise und ist in zwei (völlig gleichwertige und gleich wichtige) Pole gespalten. Nicht nur die Geschlechter, sondern auch die rechte und linke Gehirnhälfte, Tag und Nacht, Nord- und Südpol, Plus und Minus beim elektrischen Strom etc. Von all diesen Dingen hatten die Theologen natürlich noch keinen Schimmer. Sie schlossen deshalb, dass die »Urpolarität« zwischen Gott und Satan, also Gut und Böse auch für andere Polaritäten gelte. Das heißt für die paar, die sie kannten, nämlich Geist und Körper beziehungsweise Mann und Frau. Welchen Part die Frau übernehmen durfte – ich vermute, da kommen Sie von alleine drauf. Sie war natürlich die Böse. Nämlich die Verkörperung von Leib- und Sinnlichkeit, sprich: die Sünde schlechthin.

Die ideologischen Feinheiten dieses Weltbildes haben dann die zölibatär lebenden Mönche und Kirchenväter, die ja auch ziemlich viel Zeit hatten, ersonnen, während sie so mit ihren Trieben rangen. Denn körperliche Bedürfnisse galt es zu überwinden – sie waren ja des Teufels. Aus ihrer Sicht war die Frau – die Tochter Evas, die Adam den Apfel reichte – der Inbegriff der Verführung und wurde zum Feindbild erhoben. So

entstand das bis in die Neuzeit hinein wirksame Bild, wonach Frauen auf die eine oder andere Weise immer als »anders« im Sinne von nicht so richtig menschlich, zurückgeblieben, minderwertig, gerissen und triebgesteuert abgestempelt wurden. Irgendwann reichte es den Frauen, und sie beschlossen: Wenn »anders« sein heißt, dass man diskriminiert und einem die Bildung vorenthalten wird, dann sind wir doch einfach mal nicht mehr anders. Alle sollten jetzt »gleich« sein (wobei den Maßstab natürlich die Männer setzten). Was nun aber leider auch irgendwie nicht klappen will.
Und was nun? Tja. Wie wäre es alternativ dazu mit dem islamischen Weltbild?

Wie bitte? Gnade! Das kann hier ja wohl jetzt nicht wahr sein!

Doch. Im Islam ist Satan – arabisch »Shaitan« – nicht der »Feind« Gottes, sondern sein Geschöpf. (Das ist eigentlich auch in der Bibel so, wurde von der Theologie aber nicht immer wahrgenommen). Was der Job des Shaitan ist, das erkläre ich später noch. Die »Tauhid«, die absolute Einheit Gottes, ist der grundlegendste Aspekt der islamischen Lehre. Einen Dualismus gibt es nur in der Schöpfung, und Gott gehört nach islamischer Lehre in keiner Weise zur Schöpfung. In dieser spiegelt sich Gott nur – wenn auch manchmal so glasklar, dass man eins mit dem anderen verwechselt. Die Polarität innerhalb der Schöpfung hat also im Islam – ebenso wie im Taoismus – nichts mit Wertigkeit zu tun. Was einleuchten dürfte, denn der Nordpol ist ja zum Beispiel auch weder besser noch gemütlicher als der Südpol. Und umgekehrt auch nicht.
Eva ist im Islam auch nicht die Verführerin Adams. Stattdessen heißt es im Koran, *beide* »strauchelten« im Paradies, was

aber nicht zur Erbsünde führte. Auch wurde Eva laut Koran nicht aus Adams Rippe geschaffen. Stattdessen heißt es, alle Menschen seien aus »einem Wesen« erschaffen, und aus diesem sein jeweiliges Gegenstück. Die arabischen Wörter sind im Koran geschlechtsneutral, so dass nicht gesagt wird, ob der Mann oder die Frau zuerst da war. Abgesehen von der Tatsache, dass all dies ebenfalls metaphorisch zu verstehen ist. Man muss als gläubiger Mensch keineswegs glauben, dass vor exakt 6000 Jahren irgendwo im Irak ein erstes Menschenpaar aus der Erde gestampft wurde.

Des Weiteren heißt es im Koran, Frauen und Männer seien füreinander jeweils wie ein »Gewand« (2:188) – also ein Schutz –, und einem Hadith zufolge sagte der Prophet, Frauen seien die »Zwillingshälften« der Männer. Tatsächlich gibt es in islamischen Ländern zahlreiche Frauenrechtlerinnen und auch Feministinnen, die mit Hilfe ihres religiösen Wissens ihre Rechte einfordern. Zum Beispiel die iranische Richterin und Friedensnobelpreisträgerin Shirin Ebadi. Bemerkenswert ist etwa, dass die gläubige Muslima, obwohl sie unter einer sehr frauenfeindlichen Regierung lebt, die unter anderem Frauen Kopftücher aufzwingt, nicht gegen das Kopftuch kämpft. Vielmehr setzt sie sich auch diesbezüglich für die grundsätzliche Entscheidungsfreiheit der Frauen ein; denn sie weiß, dass es nicht richtig ist, das Kopftuch pauschal als Symbol der Unterdrückung zu verteufeln. Es kann für vieles stehen und unter Umständen auch genau das Gegenteil symbolisieren! Europäische Feministinnen ficht das alles jedoch wenig an. Sie halten ihre eigene Sichtweise oft für das Maß aller Dinge und weigern sich zu differenzieren.

Die gesamte Ausgangslage, einschließlich des Menschen- und Weltbildes, ist im islamischen Kulturkreis eine andere.

Es gibt durchaus einen Feminismus, der aber eher mit dem auch hier existierenden »Differenzfeminismus« vergleichbar ist. Befremdlich erscheint vielen Musliminnen an westlichen Frauen nicht nur die Bereitwilligkeit, mit der sie sich männlichen Spielregeln unterwerfen (und dies noch als emanzipiert betrachten). Auch die Idee, die Frau könne und müsse nicht nur finanziell, sondern auch emotional und in jeder anderen Hinsicht unabhängig sein, widerspricht der islamischen Lehre. Der Mensch ist nicht Gott und deshalb alles andere als unabhängig. Vielmehr sind sowohl Mann als auch Frau soziale Wesen. Ein autarkes, letztlich von jeglicher Gemeinschaft isoliertes Leben gilt weder als möglich noch als erstrebenswert. Das Ziel sollte deshalb sein, *trotz* der Eingliederung in eine Familie oder ein anderes Kollektiv eine Individualität zu entwickeln und Rechte durchzusetzen.
Es gibt im islamischen Kulturkreis auch das abendländische, bürgerliche Ideal einer milden, unermüdlich schaffenden und »waltenden« Hausfrau nicht, die ihr Selbstwertgefühl aus fleißiger Handarbeit und glänzenden Fußböden bezieht. Vielmehr gilt allzu viel selbst verrichtete (Haus-)Arbeit eher als unterschichtsspezifisch und damit ehrenrührig. Anders verhält es sich dagegen mit Kindererziehung oder Pflege von Alten und Kranken. Diese »typisch weiblichen« Tätigkeiten gelten in keinster Weise als minderwertig gegenüber traditionell männlichen – im Gegenteil! Gerade die Pflege älterer Menschen, zunächst natürlich der eigenen Eltern, ist die wertvollste Tat überhaupt. Übrigens hat die Mutter in jeder Hinsicht bei Weitem Vorrang vor dem Vater! Die Anhänger des Propheten, befangen in ihrem patriarchalischen Denken, hatten zum Teil schon etwas Mühe, dies zu begreifen, was sich seitdem nicht eben gebessert hat. Einer unter ihnen, begierig, sich als tapfe-

rer Krieger auf dem Schlachtfeld das »Paradies zu verdienen«, kehrte geknickt nach Hause zurück; denn der Prophet hatte ihm klar gemacht, es sei für ihn ein größerer Gottesdienst, sich um seine betagten Eltern zu kümmern.
Interessante Foren und Texte zum Thema »Frau im Islam« finden sich zum Beispiel auf Internetseiten wie www.huda.de; www.qantara.de oder (sehr empfehlenswert!) www.muslima-aktiv.de. Viele Vorstellungen über die Stellung der Frau in der islamischen Lehre beruhen schlicht auf Missverständnissen. So geht man oft davon aus, die Frau sei »nur die Hälfte wert« – etwa, weil die Zeugenaussage der Frau im Islam nur halb so viel gelte wie die eines Mannes, was manche aus einem Koranvers (2:283) ableiten wollen. In diesem Vers ist aber lediglich vom Ausstellen von Schuldscheinen unter Zeugen die Rede – ein traditionell männliches Metier, wo eine unbedarfte Frau alleine sicher schnell unter Druck gesetzt werden konnte. Es gibt andere Koranpassagen, aus denen hervorgeht, dass generell die Aussage einer Frau genauso viel gilt wie die eines Mannes. Auch die Tatsache, dass Frauen in den meisten – nicht allen! – Fällen nur die Hälfte erben, lässt sich erklären. Denn das Erbe (ebenso wie etwaige Einkünfte) steht den Frauen zur freien Verfügung – im Gegensatz zu den unterhaltsverpflichteten Männern. Empörend klingt für westliche Ohren auch etwa ein Koranvers, in dem es heißt, Frauen seien für ihre Männer wie ein »Acker«. In dem Zusammenhang ist es allerdings nützlich zu wissen, dass dieses arabische Wort für »Acker« auch so viel bedeutet wie »ein sehr großes Gut«. Nur logisch, aus der Sicht eines Wüstenvolkes! Und umgekehrt titulierten die Frauen damals auch ihre Männer gerne mal als »Kamel«. Das war nämlich auch etwas sehr Wertvolles – und als Kosewort gemeint! Manchmal passen einfach un-

sere abendländischen Vorstellungen und Assoziationen nicht – also Vorsicht!
Die erste Frau des Propheten war Hazrat Khadidja, seine große Liebe, war 15 Jahre älter als er. Er lebte mit ihr 25 Jahre, bis zu ihrem Tod in Einehe, was sehr ungewöhnlich war. Sie war eine einflussreiche Kauffrau und nicht nur seine Chefin, sondern auch seine moralische Stütze während der schweren Verfolgung, der die ersten Muslime ausgesetzt waren. Und sie hatte ihn um »seine Hand« gebeten! Auf Hazrat Aisha, die intelligente und selbstbewusste spätere Lieblingsfrau Mohammeds, gehen über 2000 Überlieferungen (Hadithe) zurück. Sie hielt mit ihrer Meinung nie hinterm Berg. Mohammed liebte sie und ihr Mundwerk. »Sprich zu mir, du kleine Rötliche!« soll er oft zärtlich zu ihr gesagt haben (Warum »rötlich«, weiß ich nicht. Vielleicht hatte sie rötliche Haare). Übrigens wies er seine Anhänger an, sich in religiösen Angelegenheiten nach seinem Tod vertrauensvoll an Hazrat Aisha zu wenden, von der man die Hälfte des Glaubens lernen könne. Die würdigen grauhaarigen arabischen Patriarchen sollten sich also von der klugen jungen Frau Lektionen erteilen lassen – was sie übrigens auch taten. Aisha gründete die erste »Madrasa«, eine islamische »Hochschule«, und unterrichtete dort Männer und Frauen. In Bezug auf das Thema Frauen schieden sich sowohl die Geister als auch die islamische Theorie und Praxis leider schnell und nachhaltig. Einer Überlieferung zufolge kam etwa der spätere Kalif Umar, der im Gegensatz zum Propheten nicht gerade für seine Sanftmut und sein Frauenverstehertum bekannt war, einmal zum Propheten Mohammed. Die Frauen fingen angesichts ihrer vielen neuen Rechte an, rebellisch zu werden, beschwerte er sich. – Der Prophet lächelte daraufhin nur!

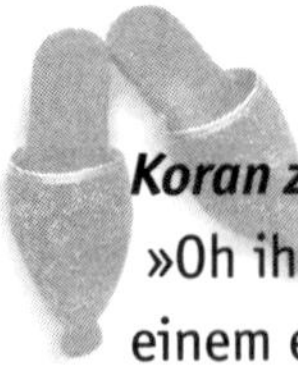

Koran zum Thema »Erschaffung des Menschen«:

»Oh ihr Menschen! Fürchtet euren Herrn, der euch aus einem einzigen Wesen geschaffen hat, und aus ihm das entsprechende andere Wesen.« (Übersetzung von R. Paret, 4:2)

Koran zum Thema »Adam und Eva«:

»Doch Satan ließ beide daran straucheln und trieb sie von dort, worin sie waren.« (2:37)

Koran zum Thema »Verschiedenheit der Geschlechter«:

»Und begehrt nicht das, womit Allah die einen von euch vor den anderen ausgezeichnet hat. Die Männer sollen ihren Anteil erhalten nach ihrem Verdienst, und die Frauen sollen ihren Anteil erhalten nach ihrem Verdienst.« (4:33)

Koran zum Thema »Gleichwertigkeit von Männern und Frauen«:

»Wahrlich, die muslimischen Männer und die muslimischen Frauen, die gläubigen Männer und die gläubigen Frauen, die gehorsamen Männer und die gehorsamen Frauen, die wahrhaftigen Männer und die wahrhaftigen Frauen, die standhaften Männer und die standhaften Frauen, die demütigen Männer und die demütigen Frauen, die Männer, die Almosen geben, und die Frauen, die Almosen geben, die Männer, die fasten, und die Frauen, die fasten, die Männer, die ihre Keuschheit wahren, und die Frauen, die ihre Keuschheit wahren, die Männer, die Allahs häufig gedenken, und die Frauen, die gedenken – Allah hat ihnen Vergebung und herrlichen Lohn bereitet.« (33:36)

Hadithe zum Thema »Frauen«:
Hazrat Aisha zufolge sagte der Prophet: »Frauen sind die Zwillingshälften der Männer.« (Tirmidhi, Abu Dawud)

Ibn Abbas erzählte, dass der spätere Kalif Umar berichtete: »Bei Allah, in der vorislamischen Zeit der Unwissenheit kümmerten wir uns überhaupt nicht um die Frauen, bis Allah offenbarte, was Er offenbarte, und ihnen bestimmte, was Er ihnen bestimmte. Einmal dachte ich über eine Angelegenheit nach, als meine Frau sagte: ›Ich empfehle dir, es so und so zu machen!‹ Ich antwortete: ›Was geht dich das an? Warum steckst du deine Nase in meine Angelegenheiten?‹ Sie erwiderte: ›Wie seltsam du bist, oh Sohn des Al-Khattab! Du willst nicht, dass man mit dir diskutiert, während deine Tochter Hafsa mit dem Gesandten Allahs dermaßen streitet, dass er den ganzen Tag böse ist!‹« Gemäß der Erzählung von Ibn Abbas berichtet Hazrat Umar, dass er darauf sofort seinen Umhang nahm und zu Hafsa, seiner Tochter ging, die mit dem Propheten verheiratet war. Er sagte zu ihr: »Oh meine Tochter! Streitest du wirklich mit dem Propheten, so dass er einen ganzen Tag lang böse ist?« Hafsa antwortete: »Bei Allah! Wir streiten mit ihm!« (...) Umar berichtet weiter, dass er daraufhin zu Umm Salama ging (Anm.: eine andere Frau des Propheten). Diese sagte zu Umar: »Oh Sohn des Al-Khattab! Es ist sehr verwunderlich, dass du dich in alles einmischen musst, sogar in die Eheangelegenheiten des Propheten!« (...) Schließlich erzählte Hazrat Umar diese ganze Geschichte dem Gesandten Allahs, der auf einem Lager von Palmwedeln lag und zuhörte. Als Umar zu der letzten Stelle mit Umm Salama kam, lächelte der Prophet nur. (Bukhari)

Hadith zum Thema »Stellung der Mütter«:
Ein Mann fragte den Propheten: »Wer von den Menschen verdient meine Freundschaft (meinen Umgang) am meisten?« Er sprach: »Deine Mutter.« Der Mann fragte: »Und nach ihr?« Er sprach: »Deine Mutter.« Der Mann fragte: »Und nach ihr?« Er sprach: »Deine Mutter.« Der Mann fragte: »Und nach ihr?« Er sprach: »Dann dein Vater.« (Bukhari)

»Ein Mann kam zum Propheten und sagte: ›Oh Prophet Allahs! Ich beabsichtige, am islamischen Kampf für die Sache Allahs teilzunehmen. Ich kam, um dich darüber zu befragen.‹ Der Prophet fragte den Mann: ›Hast du eine (lebende) Mutter?‹ Der Mann sagte: ›Ja.‹ Er sagte: ›Verschwinde nicht aus ihrem Blick, das Paradies liegt zu ihren Füßen.‹« (Ibn Majah, ähnlich bei Bukhari und Muslim)

Allah und das Tao

Das islamische Weltbild ist, habe ich eben behauptet, so ähnlich wie das taoistische! Was sagen Sie dazu? Die meisten Leute finden den Islam jedenfalls genauso unsympathisch, wie sie den Buddhismus oder Taoismus sympathisch finden. So toll finden sie den, dass sich viele Menschen sein Symbol um den Hals hängen. Yin und Yang ist eben cool.

Es gab nun in Europa eine Zeit, da war auch der Islam cool, aber das ist nun wirklich gründlich vorbei. Goethe soll etwa in seinem Bekanntenkreis Korane verschenkt haben, und er veröffentlichte den »West-Östlichen Diwan« – eine Gedichtsammlung, in der er aus seiner Sympathie für den Islam keinen Hehl macht. Ein Gedicht daraus:

»Jesus fühlte rein und dachte /
nur den Einen Gott im Stillen /
wer ihn selbst zum Gotte machte /
Kränckte seinen heilgen Willen. /
Und so muß das Rechte scheinen /
Was auch Mahomet gelungen; /
Nur durch den Begriff des Einen/
Hat er alle Welt bezwungen«

Goethe hat den Islam im wahrsten Sinne des Wortes salonfähig gemacht, während die Jahrhunderte zuvor es wohl eher mit Luther hielten. Für ihn war Mohammed ein »Lügenprophet« und der ruppige (mir aber gerade deshalb auch sympathische) Reformator betete: »Erhalt uns, Herr, bei Deinem Wort und

schütz uns vor der Türken Mord, die Jesum Christum, Deinen Sohn, stürzen wollen von seinem Thron.«
Naja, irgendwann kriegte man im Abendland so ein bisschen die Kurve und der Islam wurde regelrecht schick. Friedrich Rückert hat sogar eine Koranübersetzung angefertigt, und die Leute träumten von tausendundeiner Nacht, von diesen bunten Gewürzbergen auf den Basaren, dem ganzen Glitzerzeug in den Sultanspalästen und den wunderschönen verschleierten Prinzessinnen. Aber das ist, wie gesagt, ziemlich lange her. Heute ist Islam out, vieles andere Exotische ist dagegen interessant und hip, zum Beispiel Sushi, balinesische Möbel, die brasilianische Mentalität, Digeridoos, Thaimassagen oder eben Taoismus, aus dem dieses Yin- und Yang-Zeichen stammt. Dabei wissen sicher längst nicht alle, was Taoismus eigentlich ist, wofür das Zeichen also steht. Wenn man dem aber einmal auf die Spur kommt, und das, was man dann findet, mit den Lehren des Islam vergleicht, dann wird es für alle, die den Islam so schrecklich unsympathisch finden, den Taoismus dagegen sympathisch, richtig unübersichtlich.
Der Taoismus lehrt, dass das Tao, sprich: der Urgrund allen Seins, also Gott oder die Wahrheit, nicht zu erklären sind. Womit eigentlich schon das Wichtigste gesagt ist. Gott und »die Wahrheit« sind im Islam übrigens Synonyme. Gott nennt sich im Koran auch »Al-Haqq« – die absolute Wahrheit. Und diese Wahrheit ist so groß, dass sie sich dauernd neu manifestiert. Man kann die Wahrheit nicht beschreiben und nicht fassen. Jeder Versuch, sie festhalten und bestimmen zu wollen, muss scheitern. Das ist, wenn ein kleines Kind eine schöne Blume pflückt und sie dann im warmen Patschhändchen nach Hause transportiert. – Zu Hause angekommen ist die Blume zerdetscht und ziemlich tot. Und überhaupt nicht mehr schön.

Naja. So ist das auch mit der Wahrheit, wenn man sie festnageln will.
Also, Gott und die Wahrheit kann man nicht festhalten und auch nicht beschreiben. Der Grund ist: Sie sind so groß, dass es uns scheint, als befänden sie sich dauernd im Zustand der Wandlung. Im Taoismus heißt es darum, der wahre Weg (zu Gott) sei der, »der nicht beschrieben werden kann«. Im Koran heißt es, Al-Haqq, die Wahrheit, offenbare sich »jeden Augenblick in neuem Glanz« (55:30). Und auch die »Shari'a«, unser Weg zur Quelle, wandelt sich ständig – je nach Umständen und Erfordernissen. Obwohl der Islam ein Leben in völliger Zurückgezogenheit, das Lao-Tse befürwortete, als eine Form des Extremismus ablehnt, lässt sich Lao-Tses Lehre vom »Nichts-Tun« in der islamischen Philosophie durchaus wiederfinden. Freilich nicht im buchstäblichen Sinne, denn der Glaube soll sich im Alltag bewähren und auch für andere Gutes bewirken. Allerdings heißt es im Koran warnend, der Mensch neige dazu, übereilt zu handeln. »Nichts-Tun« zur rechten Zeit, im Sinne von »Sabr« – arabisch »Geduld« – zu üben, anstatt in Krisensituationen in Aktivismus zu verfallen, ist deshalb eine hohe Tugend. »Khair insha'allah« – »Es wird schon gut, mit Gottes Hilfe!« ist ein in arabischen Ländern oft zu hörender Satz. Die Haltung des Islams zum »Tun« lässt sich mit einem Hadith erklären. Auf die Frage eines Mannes, ob er sein Kamel lieber anbinden solle, um es am Weglaufen zu hindern, oder lieber auf Allah vertrauen solle, sagte der Prophet: »Binde dein Kamel an und vertraue dann auf Gott!«
Aber das ist lange noch nicht alles. Sicher kennen Sie diese Ketten mit dem Yin- und Yang-Zeichen. Das ist so ein Kreis, zur Hälfte weiß und zur Hälfte schwarz, und in der Mitte des Weißen ist ein schwarzer Punkt, und in der Mitte des Schwar-

zen ist ein weißer Punkt. Esoterisch bewanderte Leute wissen natürlich, was das bedeutet, aber vielleicht gehören Sie ja gerade nicht zu denen. Also, das Zeichen bringt eine Weltsicht zum Ausdruck, wonach praktisch alles in zwei Pole unterteilt ist. Diese beiden Pole oder Prinzipien sind genau gleich stark und gleich wichtig und ergänzen sich wie zwei Puzzlestücke. Die Trennlinie zwischen beiden ist nämlich nicht schnurgerade, wie vom Reißbrett, denn Lao-Tse war ja kein Preuße, sondern Chinese. Und im Unterschied zur christlichen Vorstellung von Gut und Böse sind Yin und Yang, wie gesagt, auch nicht gut oder schlecht, sondern einfach nur *unterschiedlich*. Das Tollste, finde ich, ist aber der Punkt in der Mitte – also in dem Schwarzen ist sozusagen ein Samenkorn von dem Weißen, und umgekehrt. Im Koran heißt es nun: Das »Tote« geht aus dem »Lebendigen« hervor, und das »Lebendige« aus dem »Toten«. Wobei man »Tod« hier vielleicht auch im übertragenden Sinn verstehen kann, als eine Zeit der Ruhe und Dunkelheit, in der der Keim für neue Bewegung und neues Licht steckt.

Wenn also irgendwo Yang vorherrscht, wie bei uns ja nun definitiv – Yang ist das männliche Prinzip –, dann wächst darin schon fröhlich das Yin heran. Ohne dass es einer merkt. Und eines Tages kippt das Ganze dann! Dann herrscht nämlich Yin vor, und Yang muss kleine Brötchen backen und wieder heimlich im Dunkeln wachsen. Ist das nicht lustig? Dabei habe ich gar nichts gegen das Yang. Auch nichts gegen Männer – sehr wohl aber was gegen Unausgewogenheit und Ungerechtigkeit. Ich finde dieses taoistisch-islamische Weltbild unheimlich inspirierend, das gibt mir einen echten Kick. Dass eben nicht eine Sache immer gut und richtig und die entgegengesetzte falsch und böse ist, sondern sich die beiden vielmehr ergänzen. Yin und Yang stehen in einer symbiotischen Beziehung und auch in Kommunikation miteinander. Das heißt, wenn das Yin (nach außen hin) schwächer wird, wird das Yang stärker, oder sichtbarer – und umgekehrt. Was das praktisch umgesetzt heißen könnte, wenn Yin und Yang miteinander in Kommunikation stehen, sehen Sie vielleicht ein bisschen am Beispiel dieses Buches. Das ist nämlich genau das, was ich gerade versuche – eine Brücke zwischen Ost und West, Glauben und Wissen, Humor und Ernst zu schlagen. Insha'allah natürlich.

Denken Sie an den vermeintlichen Widerspruch zwischen Glauben und Wissen! So ein Vertreter aus dem Kreise meiner Verwandten, der sich zu Provokationszwecken gerne als »militanter Atheist« bezeichnet, sagt immer: »Glauben heißt ›Nicht-Wissen‹!«. Deshalb findet er Glauben doof. Dabei ist das eigentlich ein bescheuertes Argument. Je mehr einer weiß, desto klarer wird ihm meistens, dass wir im Grunde ziemlich wenig wirklich gesichert wissen. Einstein zum Beispiel wusste ziemlich viel. Und der sagte: »Wer sich nicht länger wundern, nicht länger in verwirrter Ehrfurcht dastehen kann, ist so gut wie tot!« Wissen erwerben und idealerweise weitergeben gilt im Islam ja außerdem als äußerst verdienstvolle Tat. Übrigens stammt die Urknalltheorie aus dem Koran. In einem bekannten Hadith, dessen Quelle ich leider nicht finden kann, heißt es: »Suchet die Weisheit, und wenn ihr bis nach China gehen müsst!« Ausgerechnet China! Ist das nicht ein komischer »Zufall«? Aus China kommt ja der Taoismus!

Also, dem Koran zufolge ist Wissen erwerben immer gut. Es gibt aber – so kommt es mir vor – so das wissenschaftliche, messbare Yang-Wissen, und es gibt dieses Wissen, das aus dem tiefsten Bauch herauskommt, das ich einmal *Ge*Wissen nenne. Ich bin nicht ganz sicher, ob es daran liegt, dass ich eine Frau bin, aber ich glaube, dass man Gott nur mit dem GeWissen richtig finden kann. An meiner Pinnwand hängt ein Spruch: »Suchen kann man die Wahrheit mit dem Verstand, aber finden kann man sie nur mit dem Herzen.« Vielleicht kann man sagen, das Yin – das *Ge*Wissen – bebrütet die Wahrheit irgendwie, aber es braucht auch das Yang. Das Yang ist nämlich das, was immer alles ans Licht ziehen will.

Also, Yin und Yang, diese beiden Pole, gibt es überall. Denken Sie einmal drüber nach – da sind Sie den ganzen Tag beschäftigt! Überall sind Yin und Yang: Einatmen, ausatmen. Die Phasen der Anspannung und Entspannung des Herzens. Und dann haben wir rechts ja ein Ohr und ein Auge, und links ein Ohr und ein Auge, was auch nicht einfach so Zufall ist. Denn wäre das nicht so, könnten wir Geräusche nicht orten, und die Welt nicht mit Tiefenschärfe sehen. Ich kenne jemanden, der hat von beidem nur je eins. Der könnte Ihnen sicher einiges erzählen. An diesen Beispielen merkt man, wie total verrückt die Idee ist, dass einer der Pole (Yang) das Prinzip des Guten verkörpert, während Yin böse ist. Leider steckt diese Vorstellung ziemlich tief drin, in unseren abendländischen Köpfen. Auch wenn man sich als Gläubiger die äußerste Mühe gibt, an ein Leben nach dem Tod zu glauben, ist das, wenn es wirklich hart auf hart kommt, wahrscheinlich sehr schwer. Weil es in unseren Köpfen eben bis in die hintersten Hirnwindungen drin ist: Eins ist gut, das andere böse. Leben ist gut – also muss der Tod böse sein.

Einer meiner Lieblingsverse in der Bibel ist: »Alles hat seine Zeit und alles Vorhaben unter dem Himmel hat seine Stunde: geboren werden hat seine Zeit, sterben hat seine Zeit – einpflanzen hat seine Zeit und ausreißen, was gepflanzt ist, hat seine Zeit. Weinen hat seine Zeit, lachen hat seine Zeit« (Prediger 3). Das sind wieder die Yins und Yangs – weinen, lachen, Tod und Leben, ernten und pflanzen. Sehen Sie! Ist nämlich doch derselbe Gott!

Koran zum Thema »Yin und Yang«:
»Allah ist es, der das Korn und den Dattelkern keimen lässt. Er bringt das Lebendige hervor aus dem Toten, und Er ist der Hervorbringer des Toten aus dem Lebendigen.« (6:96)

»Und Er ist es, der die Erde ausbreitete und Erde und Flüsse in ihr gründete. Und Früchte aller Art schuf Er, ein Paar von jeder. Er lässt die Nacht den Tag bedecken. Hierin sind wahrlich Zeichen für ein nachdenkendes Volk.« (13:4)

»Von jeglichem Ding haben Wir Paare erschaffen, auf dass ihr euch vielleicht doch besinnen möchtet.« (51:50)

Koran zum Thema »Gott manifestiert sich in jedem Moment neu«:
»Ihn bitten alle, die in den Himmeln und auf Erden sind. Jeden Augenblick offenbart Er Sich in neuem Glanz.« (55:30).

Koran zum Thema »Erschaffung des Universums«:
»Haben die Ungläubigen nicht gesehen, dass die Himmel (Plural!) und die Erde in einem einzigen Stück waren, dann zerteilten wir sie. Und Wir machten aus Wasser alles Lebendige.« (21:31)

Hadith zum Thema »Wissen aus China«:
»Strebe nach Wissen, auch wenn du dazu bis nach China gehen müsstest.« (Sammlung?)

Hadith zum Thema »Erst handeln, dann passiv vertrauen«:
Anas berichtete, dass ein Mann fragte: »Gesandter Allahs! Soll ich mein Reittier anbinden oder auf Allah vertrauen und es unangebunden lassen?« Der Gesandte antwortete: »Binde es an und vertraue auf Allah!« (Tirmidhi)

Zur Ätiologie des Phänomens der Abwasch-Verweigerung

Schon mein Opa, seines Zeichens Christ, Deutscher und obendrein Pastorensohn, konnte Socken stopfen. Muslime dagegen sind alle Machos. Dabei kommt so was eigentlich in den besten Familien vor. Katholische Sizilianer, Ghanaer oder Südamerikaner, hinduistische Inder, orthodoxe Russen, shintoistische Japaner, und all die anderen ganz gewöhnlichen Charakterschweine, die ebenfalls Machos sind, lassen wir jetzt aber mal außer Acht.

Ein großes Glück für diejenigen, die ihre Vorurteile so richtig lieb gewonnen haben, ist die Tatsache, dass ein Großteil der Muslime wenig Bildung besitzt. Sonst würden sie uns nicht den Gefallen tun, sich so schön paschahaft zu verhalten und dies auch noch mit ihrer Religion zu rechtfertigen. Gerne schenken viele Menschen Analphabeten oder 14-jährigen Schülern mit Identitätsproblemen Gehör, wenn diese sie über die archaischen Lehren der islamischen Religion aufklären. Eine Aufsehen erregende Studie des Kriminologischen Forschungsinstituts Niedersachsen ergab vor einiger Zeit, dass bei Muslimen ein Zusammenhang zwischen Religiosität und Gewaltbereitschaft bestünde. Wenig thematisiert wurden in der folgenden Debatte dabei kleine zu vernachlässigende Details. Wie die vollkommen irrelevante Tatsache, dass es sich bei den Befragten um 14- bis 16-jährige kulturell entwurzelte kleine Prolls mit oft mangelnder Schulbildung handelte. – Ist es Zufall, dass man sich wirklich mit Vorliebe von Fanatikern oder besonders Ungebildeten über »den Islam« aufklären lässt?

Demjenigen, der wirklich die Wahrheit wissen möchte, rate ich: Glauben Sie erst mal gar nichts, wenn irgendwelche Muslime Ihnen erzählen, dieses oder jenes stünde im Koran. Wissen Sie, der Koran ist vom Umfang her nicht so riesig, gar nicht zu vergleichen mit der Bibel. Man sollte daher davon ausgehen, dass alle des Lesens mächtigen gläubigen und praktizierenden Muslime ihn also irgendwann einmal tatsächlich gelesen hätten. Das ist aber ein Trugschluss. Ich habe selber sehr oft aus dem Mund von Muslimen (und nicht nur den Allerdümmsten) gehört, dies und jenes stünde im Koran, und ich wusste ganz ganz sicher, dass sie Unrecht hatten.

Während eines Praktikums, das ich in einer Grundschule absolvierte, erzählte mir eine Lehrerin, während einer Mutter-Kind-Koch-Gruppe habe ein selbstbewusster kleiner Knabe türkischer Herkunft sich mannhaft geweigert, beim Abwaschen zu helfen. »Jungs müssen so was nicht. Das steht im Koran!«, lautete die Erklärung. Das fand sie natürlich schlimm, die Lehrerin. Leider interessierte sie sich nicht weiter dafür, ob das überhaupt stimmte. Dabei hätte es wohl gereicht, den kleinen Macho und seine brave Mutter zu bitten, doch einmal in der Moschee nach der passenden Koranstelle zu fragen. Sehr wahrscheinlich hätte sich herausgestellt, dass die beiden entweder gar nicht oder nur sehr selten die Moschee besuchen. Die meisten hiesigen Imame sind keine hinterwäldlerischen Fanatiker, die Paschatum, geschweige denn wirklich Schlimmes wie Gewalt, Zwangsverheiratung oder gar Ehrenmord lehren!

Während des schon erwähnten Praktikums musste ich mehr als einmal erleben, dass auch Pädagogen offensichtlich nicht immer Befürworter eines fröhlichen multikulturellen Zusammenlebens sind. Parallelkulturen – darunter verstehen wir fast immer die sich abschottenden Kulturen der Migranten. Aber schotten wir uns nicht innerlich genauso ab? Zum Beispiel, indem wir uns überhaupt nicht auf die Idee einlassen, unsere Vorurteile könnten nicht zutreffen oder die »fremden Kulturen« hätten genauso viel Positives wie Negatives? Eine große Ausnahme bildet da natürlich immer das Essen. Da können die Ausländer endlich auch mal punkten, und wir haben das Gefühl: Wir sind doch ganz offen für die! Ist es nicht interkulturell unheimlich sensibel, dass ich das Börek nicht nur esse, sondern auch lecker finde? Gerade weil fast jeder Depp kochen kann, stellt es ja für mein Selbstwertgefühl keine große Gefahr dar, wenn ich zugebe, dass manche Kopftuchfrauen uns im Imam-Bayildi-Kochen überlegen sind. Die meisten Kopftuchfrauen wiederum durchschauen das natürlich nicht und freuen sich einfach ein Loch ins Knie, weil uns ihre Gerichte schmecken.

Im Lehrerzimmer musste ich mir Klagen der Lehrkräfte über die ungebildeten, unkooperativen, muslimischen Eltern anhören. Zum Beispiel hörte ich zwei sehr interessante, sich widersprechende Thesen in Bezug auf die Teilnahme an Elternabenden. »Da kommen immer nur die Frauen. Das ist bei den Muslimen so!«, erklärte mir am Montag die erste Lehrerin. »Bei denen ist alles, was mit Haushalt und Kindererziehung zu tun hat, Frauensache. Die Männer lassen sich bedienen.« Am Dienstag erklärte mir in vertraulichem Ton die zweite: »Diese Elternabende sind echt ein Problem. Wenn überhaupt, dann kommen da die Männer. Die Frauen dürfen ja meistens nicht raus, bei denen!« Vielleicht können Sie nachvollziehen, dass ich weder zu dem einen, noch zu dem anderen Statement meine Meinung äußern mochte … Wozu auch? Schon bei der Sache mit dem Abwasch wurde ja sehr deutlich, dass in diesem Kollegium kein gesteigertes Interesse daran bestand, etwas mehr zu erfahren.

Natürlich ist das nicht immer so. Oft ist es ja gar nicht böse Absicht, die einer echten Begegnung auf Augenhöhe im Weg steht, sondern vieles andere: nicht vorhandene interkulturelle Kompetenz, auf beiden Seiten. Mangelnde Sprachkenntnisse. Und nicht zuletzt: die inzwischen unübersehbare Fülle an Halb- und Viertelwissen, das wir uns angeeignet haben. Gefährliche Sache. Man weiß was, und deshalb fragt man nicht mehr. Aber wenn das Gewusste eben nur die Hälfte der Wahrheit ist und die zudem falsch verstanden wird, wäre es besser, man wüsste nichts. Das Wort »Harem« zum Beispiel kennt jeder, und schon Kinder wissen, was man sich darunter so ungefähr vorzustellen hat. Weniger bekannt ist aber die Tatsache, dass es von »haram« = »verboten« abstammt und ursprünglich den Teil arabischer Wohnhäuser bezeichnete, der *Männern* verboten war. Verboten war also den Männern der Zugang zum Frauenbereich – und nicht etwa den Frauen der Ausgang! Aus zahlreichen Hadithen geht hervor, dass Frauen im Frühislam überall präsent waren. Wie sieht es also aus, mit dem Abwasch im Islam? – Um es gleich vorwegzunehmen: Ist nicht verboten für Männer! Tatsächlich war der Prophet Mohammed kein Macho – nicht im Hinblick auf deutsche und schon gar nicht im Hinblick auf arabische Verhältnisse! Er wird als ein weichherziger, nah am Wasser gebauter und in sich gekehrter Mensch beschrieben, der, nach Aussagen seiner späteren Frau Hazrat Aisha, gar »verschämt wie eine Jungfrau« gewesen sein soll. Seine erste Frau Hazrat Khadidja war und blieb die Liebe seines Lebens. Noch viele Jahre nach ihrem Tod redete er häufig von ihr, bildete sich ein, ihre Stimme zu hören, und machte ihren Freundinnen Geschenke – was seine späteren Frauen, vor allem die eifersüchtige Hazrat Aisha, etwas übertrieben fanden. Mit Hazrat Khadidja zeugte der Prophet Mohammed (trotz ihres fortgeschrittenen Alters) mehrere Kinder. Mit seinen späteren Frauen dagegen hatte der angeblich so sinnliche Prophet nur ein einziges Kind – nämlich mit der Koptin Maria.

Erst gut zehn Jahre vor seinem Tod, nach einer Zeit intensiver Trauer über den Tod Hazrat Khadidjas und nach viel gutem Zureden, heiratete Mohammed erneut nach und nach mehrere Frauen. Dazu muss man aber wissen: Es herrschte Krieg und ein sehr großer Frauenüberschuss. Ebenso wie bei uns vor gar nicht langer Zeit waren für eine Eheschließung, zumal unter solchen Lebensbedingungen, nicht romantische, sondern soziale, politische oder noch handfestere Gründe der Versorgung vor allem von Witwen ausschlaggebend. Tatsächlich schien die Frage, ob eine Witwe einen neuen Mann fand, eine Angelegenheit zu sein, die über Leben oder Tod entschied. Es gibt sehr viele Überlieferungen, aus denen hervorgeht, dass der Prophet und seine Anhänger viele, viele Jahre lang bittersten Hunger litten. Da ist von Datteln die Rede, die in mehrere Stücke zerbrochen und verteilt oder stundenlang ausgelutscht wurden, um mehr davon zu haben. Oder davon, dass im Hause des Propheten monatelang nicht mal ein Feuer entfacht wurde, weil ohnehin nichts Kochbares vorhanden war. So waren, bis auf eine, alle Frauen, die der Prophet Mohammed später heiratete, verwitwet oder geschieden, und sie standen wohl mehr oder weniger Schlange bei ihm. Dies erstens, weil er eben *kein* Macho war, und vielleicht auch einfach deshalb, weil der Prophet, sobald irgendetwas Essbares da war, von seinen Anhängern zuerst versorgt wurde. Allerdings pflegte er solche Geschenke umgehend an seine Umgebung und andere Hungerleidende zu verteilen.

Bei den Eheschließungen waren große Altersunterschiede an der Tagesordnung – Hazrat Aisha war wesentlich jünger, die erste Frau jedoch, die Mohammed nach dem Tod Hazrat Khadidjas heiratete, Hazrat Sawda, wohl wesentlich älter als er. Einer Quelle zufolge war sie fast einhundert Jahre als, was leicht übertrieben sein dürfte, denn zur Zeit der Eheschließung lebte ihr Vater noch. Es herrschte damals eben über das Alter der Menschen, wie auch heute noch in vielen Kulturen, in denen traditionell keine Geburtstage gefeiert werden, große Unklarheit. Dies gilt auch für Hazrat Aisha, von der oft behauptet wird, sie sei schändlicherweise schon als Kind verheiratet worden. Das ist durchaus möglich, wobei sich die Frage stellt, wie man Kindheit definiert, denn vor der Pubertät wird im Islam keine Ehe vollzogen. Auch in Europa war Derartiges früher, besonders im Adel, gang und gäbe. Adlige Mädchen wurden oft sogar noch vor Eintritt in die Pubertät verheiratet, und zwar nicht nur auf dem Papier. Im europäischen Adel des 16. Jahrhunderts gab es zwölfjährige Mütter!

Darüber hinaus lassen verschiedene Quellen verschiedene Rückschlüsse auf Hazrat Aishas Heiratsalter zu. Selbst innerhalb der authentischsten Hadithsammlung namens Bukhari gibt es hier Widersprüchlichkeiten, wie zum Beispiel der kanadische Arzt und Buchautor Dr. David Liepert nachweist. Dr. Liepert macht sich auch so seine Gedanken, warum es eventuell im Interesse vieler Männer gewesen sein könnte, die intelligente, selbstbewusste und in Sachen Religion sehr beschlagene Hazrat Aisha als »unreifes kleines Mädchen« darzustellen. Hazrat Aisha war nicht nur eine kluge Frau, sondern auch ein unbequemer Mensch. Sie hatte nach dem Tod des Propheten Hunderte von Schülern und zögerte auch nicht, sich politisch in die Nesseln zu setzen.

Der Prophet Mohammed war, das ist weithin bekannt, jemand, der Frauen einfach mochte und etwas auf ihre Meinung gab – vor allem natürlich auf die seiner geliebten ersten Frau Hazrat Khadidja. Entscheidungen traf er nicht über ihre Köpfe hinweg, sondern nach ausgiebigen Diskussionen und »in gegenseitigem Einvernehmen«, wie es auch im Koran gefordert wird. Was das »typisch islamische« Paschaverhalten muslimischer Männer betrifft, gibt es aufschlussreiche Überlieferungen. Der Prophet Mohammed spielte zum Beispiel sehr gerne mit Kindern, die er übrigens auf der Straße auch immer zuerst grüßte. Berichten zufolge krabbelte er für seine Enkelkinder als »Kamel« schon mal auf allen Vieren. Kleine Kinder trug er während des Gebetes auf dem Arm. Einmal kletterten seine Enkelkinder während der Niederwerfung auf ihn, woraufhin der Prophet so lange in dieser Position verharrte, bis sie wieder hinuntergeklettert waren. Aus einem anderen Hadith geht hervor, dass der Prophet sich, Hazrat Aisha zufolge, zu Hause vorwiegend mit zwei Dingen beschäftigte: im Haushalt helfen und beten. Islam – die Religion für Machos? Dirty Harry würde sich bedanken!

Koran zum Thema »Entscheidungen gemeinsam treffen«:

»(...) Die Mutter soll nicht bedrängt werden wegen ihres Kindes, noch soll der Vater bedrängt werden wegen seines Kindes; und dasselbe obliegt dem Erben. Entscheiden sie sich, in gegenseitigem Einvernehmen und nach Beratung, für Entwöhnung, dann trifft sie kein Vorwurf (...)« (2:234)

Hadithe zum Thema »allgemeines Machotum«:
Thabit Al-Bunanyy berichtete: »Anas Ibn Malik, Allahs Wohlgefallen auf ihm, pflegte, wenn er an Kindern vorbeiging, sie mit dem Friedensgruß zu grüßen. Er sagte hinzu: ›Der Prophet, Allahs Segen und Friede auf ihm, hat dies gewöhnlich getan.‹« (Bukhari)

Abu Qatada berichtete: »Der Prophet trat zu uns aus der Wohnung (in die Moschee) heraus, während er Umama, die Tochter Abu Al-As auf den Schultern trug. Als er während des Gebetes eine Verbeugung machte, legte er sie nieder, und wenn er sich aufrichtete, nahm er sie wieder auf.« (Bukhari)

Al-Aswad Ibn Yazid berichtete: »Ich fragte ʻA'ischa, Allahs Wohlgefallen auf ihr: ›Was hat der Prophet, Allahs Segen und Friede auf ihm, gewöhnlich zu Hause getan?‹, und sie erwiderte: »Er war gewöhnlich im Dienste seiner Familie, bis die Gebetszeit kam. Dann ging er zum Gebet.« (Bukhari)

»Es wird berichtet, dass Hazrat Aisha auf die Frage, womit sich der Prophet Mohammed zu Hause beschäfigte, berichtete, wobei sie ihn beobachtet hatte. Gemäß ihres Berichtes erzählte sie: ›Er war wie jeder andere Mensch. Er wusch seine Kleidung, melkte seine Schafe und bediente sich selbst.‹« (Bukhari)

Hadith zum Thema »Bevorzugung von Söhnen«:
»Derjenige, der eine Tochter hat und sie nicht lebendig begräbt, demütigt [schmäht oder herabwürdigt] und seinem Sohn nicht den Vorzug vor ihr gibt, solch einer Person wird von Allah der Zutritt zum Paradies gewährt.« (Abu Dawud)

»Schätzt eure Töchter nicht gering! Sie sind warmherzig und wertvoll!« (Ibn Hanbal)

Für Sex gibt's bei uns Punkte!! – Wie das Leben glücken kann

Was ist eigentlich ein Mensch? Und was ist der Zweck seiner Erschaffung, seines Daseins? Selbstverwirklichung durch Geldverdienen? Die Steigerung des Bruttosozialprodukts? Irgendein Witzbold von Forscher hat, habe ich gelesen, bei einer Expedition in die Tiefen des südamerikanischen Urwalds den dankbaren Indianern mal T-Shirts mit der wichtigsten Message der westlichen Welt mitgebracht. Die liefen dann damit herum, was sogar fotografisch dokumentiert wurde: oben Knochen im Haar, unten Lendenschurz, und dazwischen das T-Shirt mit der Aufschrift »Shop 'til you drop!« (»Shoppen bis zum Umfallen!«) Da hat einer mal richtig Humor bewiesen!

Nun, darin sind wir – Christen, Muslime und auch viele, die religiös nicht so musikalisch sind – uns ja wohl weitgehend einig: Konsumieren macht weder glücklich, noch ist es der Sinn des Lebens. Wobei das eine und das andere irgendwie im Zusammenhang stehen muss, denn wer den Sinn seines Lebens gefunden zu haben glaubt, ist ja auch am ehesten glücklich. Im Prinzip weiß man es ja auch: Meist ist man da am zufriedensten, wo man am wenigsten konsumieren kann. In einem Häuschen am Waldesrand, möglichst ohne Fernsehen und Internet, aber mit jeder Menge sinnvoller Aufgaben, bei denen man sich tunlichst auch körperlich betätigen sollte: Zucchinis pflanzen, Holz hacken, Plumpsklo ausräumen. Und etwas, das sich auch immer vorteilhaft auf die Psychohygiene auswirkt: andern helfen und kreativ sein. Ist alles bekannt. Theoretisch

wissen wir das, und dann buchen wir doch irgendwo All Inclusive und gammeln im Urlaub nur rum. Warum nur?
Eine große und sehr offensichtliche Tragik des modernen Menschen besteht vielleicht darin, dass er eigentlich weiß, was gut für ihn ist, er dann aber doch immer irgendwie das Gegenteil macht. Jeder weiß, dass kalt duschen gesund ist! Und? Tun Sie's? – Ich auch nicht! Falls aber jemand lauter solche Dinge wirklich freiwillig tut, ist da möglicherweise auch nicht alles richtig. Wenn man sich aus freien Stücken dauernd selbst kasteit – also jetzt nicht nur mit kalten Duschen –, sollte man sich irgendwann mal fragen, ob man sie noch alle beisammen hat. Da würde ich dann in den allermeisten Fällen auf ein kleines Neuröschen tippen, und das pflegt dem Glück im Wege zu stehen.
Was ist also der Zweck der Erschaffung des Menschen? Was ist der Sinn des Lebens und der Weg zum Lebensglück? Der Koran betrachtet den Menschen als Teil der Schöpfung Gottes, wobei der Mensch sich im Gegensatz zu dem gesamten Rest derselben durch seinen freien Willen auszeichnet. Der Mensch weiß außerdem um seine Endlichkeit. Und jede menschliche Seele bezeugt, so steht es in Sure sieben, die Existenz Gottes, auch wenn sie sich als von Gott verschieden und getrennt vorfindet.
Nach der islamischen Lehre weiß der Mensch auch, wie er wieder zurückfindet zu Gott – nämlich, indem er »das Gute gebietet und das Böse verbietet«, wie es im Koran heißt. Was das »Gute« und das »Böse« ist? Das weiß im Prinzip auch jeder. Im Koran heißt es, dass die Seele im Grunde weiß, was gut und was schlecht für sie ist. Zu Deutsch: Der Mensch hat ein Gewissen. Tja, und damit kann man dann einfach loslegen. Immer schön geradeaus marschieren, auf dem »Sirat-al-mus-

taqim«. Das ist der in der ersten Sure erwähnte »gerade« Weg zu Gott, beziehungsweise Allah, also der Quelle des Lebens, dem Licht, dem Frieden etc. Mit Hilfe des Gewissens aber bitte regelmäßig die grobe Marschrichtung kontrollieren! Wenn wir nämlich zum Beispiel im Ausbildungscamp für Selbstmordattentäter in Westpakistan landen, war der Weg vielleicht gerade, aber die Richtung falsch.

Der Mensch ist erschaffen als von Gott verschieden und muss den Weg zu Gott zurückfinden, um so wieder »heil« zu werden. Die Mühen, die er dabei auf sich nimmt, werden als »Dschihad« bezeichnet – das bedeutet nämlich nicht »Heiliger Krieg«, sondern lediglich »Anstrengung«. Der größte Dschihad ist, einem Hadith zufolge, der alltägliche Kampf gegen den inneren Schweinehund. Das ist aber keinesfalls mit blinder Selbstaufopferung und Selbstanklage zu verwechseln. Auch soll man sich weder überfordern, noch gezielt das Leid suchen. Einem Hadith zufolge entschied sich der Prophet Mohammed zum Beispiel immer für den leichteren Weg, wenn er die Wahl hatte. Vorausgesetzt natürlich, er musste dabei nichts Unislamisches tun. An einer Stelle des Korans heißt es, der Mensch sei dazu erschaffen, »Gott anzubeten«. Nun stellt sich die Frage, was darunter zu verstehen ist. Ich höre jetzt wieder im Geist die altbekannten, spöttischen Kommentare, dass wir Gläubigen uns demütig im Staub wälzen müssen, weil unser Gott es offenbar nötig habe, sich anbeten zu lassen. Natürlich aber kann niemand, der geistig einigermaßen auf der Höhe ist, an einen Gott glauben, der irgendwie »da oben« sitzt, willkürlich rumregiert und sich huldigen lassen will. Wie Caligula. Wundert mich immer, dass uns Gläubigen das immer unterstellt wird – machen wir wirklich alle so einen grenzdebilen Eindruck? Der Theologe Karl Rahner sagte: »Gott sei Dank gibt es das nicht, was neunzig Prozent der Leute sich unter ›Gott‹ vorstellen!« Da kann ich ihm nur zustimmen …

Gläubige sollen auch im Islam Gott nicht anbeten, indem sie den ganzen Tag damit zubringen, in der Moschee herumzusitzen und vorgeschriebene Texte herunterzuleiern. »Anbeten« tut man im Islam, ähnlich wie im Judentum und in anderen Religionen, auf ganz verschiedene Weisen. »Gottesdienst« ist nämlich jede Tat, die gut ist und in guter Absicht, mit der richtigen inneren Einstellung begangen wurde. Gottesdienst kann darin bestehen, Wissen zu erwerben oder selbiges weiterzugeben. Gottesdienst kann Kindererziehung sein. Gottesdienst kann Geld verdienen sein, vorausgesetzt, das geschieht auf ehrliche Weise und mit dem Ziel, das Geld für sinnvolle Zwecke zu verwenden. Gottesdienst ist im Islam auch, wenn ich eine Glasscherbe auf dem Weg aufhebe, damit keiner rein tritt. Sex ist auch Gottesdienst. In der Ehe natürlich. Oder haben Sie was anderes erwartet?

Schnell und freudlos unter der Bettdecke kleine Nachwuchs-Märtyrer produzieren! Leuchtet ein.

Nee, überhaupt nicht! Sex soll im Islam weder schnell noch freudlos sein und eigentlich auch eher prozess- als zielorientiert. Mit anderen Worten: Möglichst oft und schön – bitte auch für die Frau! Auch Schmusen gilt! So. Und dafür kriegt man bei uns dann noch Paradiespunkte! Auch Kochen kann übrigens Gottesdienst sein. Zivilcourage zeigen kann Gottesdienst sein, und und und. Nur die Motivation und die Absicht müssen stimmen. Wenn man im Einklang mit sich selbst und Gott ist, wird eigentlich jede Tat zum Gottesdienst. Wenn man

es richtig anfängt, ist also das ganze Leben ein Gebet. Und umgekehrt: Ein Gebet ist Leben.
Dabei ist nicht die Handlung an sich gut oder schlecht, sondern jede Tat wird gut, wenn die Haltung des Menschen, der sie begeht, gut ist. Sie wird dann nicht nur gut, sondern quasi göttlich. Der Mensch wird eins mit Gott. Dieses »Einssein« ist das Alpha und das Omega, es steht am Anfang und am Ende im Islam. Die Handlungen des Menschen sind dann die Handlungen Gottes. Vielleicht wird jetzt klarer, warum Muslime oft etwas angenervt sind, wenn von ihnen gefordert wird, sie sollten ihre Religiosität doch bitte auf den Moscheebesuch am Freitag bzw. auf den Privatbereich beschränken. Das widerspricht vollkommen dem Geist des Islams.

Koran zum Thema »Gewissen«:
»Bei der Sonne und ihrem Glanz, und bei dem Mond, wenn er ihr folgt, und bei dem Tag, wenn er sie enthüllt, und bei der Nacht, wenn sie sie bedeckt, und bei dem Himmel und seiner Erbauung, und bei der Erde und ihrer Ausbreitung, und bei der Seele und ihrer Vollendung – Er gewährte ihr den Sinn für das, was für sie unrecht und was für sie recht ist. Wahrlich, wer sie lauterer werden lässt, der wird Erfolg haben; und wer sie in Verderbnis hinabsinken lässt, wird zuschanden.« (91:1ff)

Koran zum Thema »Unio Mystica«:
»... Und du warfest nicht, als du warfest, sondern Allah warf, und dass Er den Gläubigen eine große Gnade von Sich Selbst bezeige. Wahrlich, Allah ist allhörend, allwissend.« (8:18)

Hadith zum Thema »Gewissen«:

Der Prophet Allahs sagte: »Erstrebe für deine Seele den rechten Weg! Erstrebe für deine Seele den rechten Weg! Erstrebe für deine Seele den rechten Weg! Die tugendhafte Tat ist die, die dein Herz ruhevoll und zufrieden macht, und eine sündige Tat ist die, die an deiner Seele nagt und das Herz zusammenzieht, obwohl die anderen Menschen damit zufrieden sind.« (Musnad Ibn Hanbal)

Hadith zum Thema »leichteren Weg wählen«:

A'ischa, Allahs Wohlgefallen auf ihr, berichtete: »Es geschah niemals, dass der Gesandte Allahs, Allahs Segen und Friede auf ihm, die Wahl zwischen zwei Möglichkeiten hatte, ohne dass er sich für die leichtere Seite entschied, solange sie nicht sündhaft war.« (Hadithsammlung Muslim, Abu Dawud u.a.)

Hadith zum Thema »Was ist Gottesdienst«:

Abu Dharr berichtete, dass die Gefährten des Propheten sagten: »O Gesandter Allahs, die Wohlhabenden werden uns alle Belohnungen (durch Allah, Anm.) wegnehmen, denn sie beten, wie wir beten, sie fasten, wie wir fasten und sie spenden außerdem von ihrem Überfluss!« Er antwortete: »Hat Allah nicht bereits für euch festgesetzt, was ihr an Almosen gebt? Jedes (kleine Gebet wie) ›Subhana-Allah‹ (d.h.: Gepriesen sei Allah, Anm.), ›Allahu Akhbar‹ (d.h. Allah ist größer, Anm.), jedes ›Alhamdulillah‹ (d.h. Aller Dank gebührt Allah, Anm.) und jedes ›La ilaha ilallah‹ (d.h. Es ist kein Gott außer Allah, Anm.) ist doch eine Spende! Sich an einer guten Tat zu freuen ist auch eine Spende, eine schlechte Tat zu verhindern ist eine Spende und jeder Sexualakt von euch ist eine Spende!« Sie sagten: »Oh Gesandter Allahs, wenn wir unsere sexuellen Bedürfnisse befriedigen, bekommen wir wirklich eine Belohnung?« Er sagte: »Denkt ihr nicht, dass ihr eine Sünde begehen würdet, wenn ihr es unerlaubt tätet? Ebenso ist es eine gute Tat, wenn ihr es in erlaubter Weise tut!« (Muslim)

Hadith zum Thema »Sex – und wie Mann es richtig macht«:

Gemäß Anas Ibn Malik sagte der Gesandte: »Ihr sollt euch nicht wie die Tiere auf eure Frauen stürzen, um eure sexuellen Bedürfnisse zu erfüllen, sondern einen Engel vorausschicken!«
»Was ist das für ein Engel, oh Gesandter Allahs?«, fragten die Anhänger den Propheten. Er sagte: »Küsse und zärtliche Worte!« (Musnad Ibn Hanbal)

Der Gesandte Allahs sagte: »Wenn jemand von euch mit seiner Frau schläft, dann soll er ihr entgegenkommen. Und wenn er sein Bedürfnis gestillt hat, bevor sie ihres gestillt hat, dann soll er nicht vorzeitig abbrechen, bevor sie nicht ihr Bedürfnis gestillt hat.« (Musnad Ibn Hanbal)

... und das Gegenteil: Wie man sich ins Unglück stürzt

Mediengehypte »Islamexperten« – die deshalb zu »Experten ehrenhalber« ernannt werden, weil ihre Statements vielen so gut gefallen – behaupten gerne, im Islam gebe es kein Konzept des Individualismus. Das ist nun ziemlicher Mumpitz. Der Islam ist die Individualistenreligion par excellence, denn schließlich ist nach islamischer Lehre jeder völlig für sich selbst vor Gott verantwortlich. Zwischen Gott und Mensch steht nichts. Da gibt es keinen Mittler. Keinen Ablass. Keinen Klerus. Keinen Jesus, der sich für anderer Leute Sünden opfert und da irgendwie was geradebiegen könnte. Es gibt nur Gott und den Menschen. Dazwischen nichts. Auch der Prophet Mohammed nicht – der ist nichts anderes als ein »Sprachrohr« für uns Muslime. Ein islamischer Gelehrter hat einmal ungefähr Folgendes geschrieben: »Gehorsam gegenüber weltlichen und religiösen Autoritäten – schön und gut. Das heißt aber nicht, dass man dabei Verstand und Gewissen auf Stand-By stellen soll. Sie sind selbst für sich verantwortlich! Wenn Ihr Imam Ihnen irgendetwas Blödsinniges befiehlt, meinetwegen: ›Spring aus dem Fenster!‹ und Sie tun es – was meinen Sie, wo sie landen? Im Paradies? Irrtum! Da kommen Sie direkt in die Hölle, weil Sie ihr Gehirn ausgeschaltet haben!« Gehorsam in dem Sinne, sich einer gerechten und legitimen Autorität unterzuordnen – das ist in Ordnung und richtig. Aber sich blind unterwerfen und jede Anweisung ungeprüft übernehmen und sich zu eigen machen, das ist etwas ganz, ganz anderes. Mitdenken ist Pflicht, und zivilen Ungehorsam zu praktizieren, wenn etwas dem Gewissen beziehungsweise religiösen Grundsätzen widerspricht, ist eine großartige, mutige Tat! Der islamische ist immer der mittlere Weg! Von zwei Extremen ist niemals eins immer richtig und das andere falsch. Richtig ist, die Spannung auszuhalten, die sich ergibt, wenn man je nach Situation mal mehr in die eine, mal mehr in die andere Richtung gehen muss, um »den geraden Weg« beizubehalten, und das ständig neu austarieren muss! Unter Umständen kann hier und heute etwas richtig sein, das zu anderer Zeit und an anderem Ort falsch gewesen wäre. Wenn man als Eremit nach seinem Gewissen lebt, ist das ja kein großes Kunststück. Ein Kunststück verbringt dagegen so manch ein muslimischer Jugendlicher, der täglich zwischen zwei Welten pendeln muss: Dem Leben in seiner Familie oder der islamischen Gemeinschaft und dem europäischen Alltag. Gerade durch das Ertragen dieser Spannung kann das Gewissen aber trainiert werden!

Im Großen und Ganzen ist klar, was im Allgemeinen falsch ist: klauen, lügen, morden, ehebrechen, fremder Leute Häuser und Weiber begehren und so – ist bekannt. Das ist bei uns nicht anders als bei den Christen. Es gibt aber eine Sünde, die eine ganz eigene Liga bildet. Und zwar »Shirk« – das heißt: anderes Gott gleichzustellen. Das ist einerseits die größte Sünde, andererseits aber leider mal wieder genau die Kategorie von Dingen, die erstens keiner so richtig kapiert und die zweitens nicht kontrollier- und messbar sind. Trotzdem: Die absolut und unanfechtbar und mit großem Abstand wichtigste Sache ist, Shirk zu vermeiden. Was das bedeutet, ist nicht so leicht zu erklären. Die handelsübliche Übersetzung von »Shirk« wäre wohl »Götzendienst«, was aber ein wenig in die Irre führt. Denn darunter stellt man sich wohl eher so vorsintflutliche Barbaren vor, die in Fellklamotten unter schamanistischen

Gesängen um ein Götterbild herumtanzen. So was meine ich aber nicht.
Also, okay: Auf der alleroberflächlichsten Ebene bedeutet »Shirk« zu vermeiden natürlich zunächst, dass Muslime weder die Sonne, noch goldene Kälber, noch Heilige, Vorfahren, Engel oder Geister anbeten sollen. Also, geben darf es die schon, die Vorfahren, Sonne, Engel und Geister – wobei man über Letzteres diskutieren kann. Das ist aber nicht so wichtig, weil die nichts zu melden haben. Es soll eben nichts zwischen Gott und Mensch stehen. Aus irgendeinem Grund neigen religiöse Menschen ja oft dazu, sich auf die eine oder andere Weise einen Vermittler suchen zu wollen. So nach dem Motto: »Der ist frommer als ich oder dichter an Gott oder so – soll der mal für mich beten. Ich bin nämlich voller Demut und traue mir das selber nicht zu (außerdem hab ich dazu weder Zeit noch Lust).«
Was »Shirk« auf einer tieferen Ebene bedeutet, kann man vielleicht am ehesten mit den Worten eines Deutschen erklären – und eines ziemlich christlichen dazu. Mit den Worten Martin Luthers nämlich. Der sagte: »Woran du dein Herz hängst – das ist dein Gott!« Genau da liegt nämlich der Hund begraben. Hier geht es um Dinge, nach denen wir im Grunde unser ganzes Leben ausrichten, weil man es uns so beigebracht hat und alle es so machen. Und irgendwann glauben wir dann, gar nicht mehr anders zu können. Für diese Dinge würden wir dann nicht nur unsere Freunde und notfalls auch die Großmutter, sondern sogar unser Seelenheil verschachern. Und wir tun es auch.
Was könnte das sein? Also, erstens: Sehr viele Leute haben zum Beispiel, wie ich schon erwähnte, eine wilde Panik davor, gegen den Strom zu schwimmen, sprich: alleine zu sein. Das

ist im Prinzip und genau betrachtet, schon mal »Shirk«. Wenn ich den Normen der Gesellschaft nur deshalb folge, weil ich Angst davor habe, alleine zu sein oder angefeindet zu werden, und nicht, weil ich sie für richtig halte. Dann ist nämlich die Angst mein Gott. Wobei es unerheblich wäre, ob die Gesellschaft eine einigermaßen menschenfreundliche und gesunde ist, oder eine materialistische und kaputte. Meine Motivation bleibt die falsche, und das wäre eine Form von »Shirk«. Finde ich. Vielleicht ist Gott da aber großzügiger, und der ist ja der Bestimmer. »Allah Karim« – Allah ist großzügig! Das ist eine weitere Eigenschaft Gottes.

Beispiel zwei: Heutzutage wird uns von klein auf übermittelt, der Schlüssel zum individuellen Glück sei einzig und allein eine berufliche Karriere. Wer Karriere macht, hat Geld, um ein Häuschen zu bauen, bekommt gesellschaftliche Anerkennung und findet dann natürlich auch den richtigen Partner (womit wir bei Punkt drei wären). Damit kann er bekanntlich gar nicht anders, als rundum glücklich zu sein. Denkt man so. Angenommen aber, man merkt irgendwann, dass dieser Schlüssel zum Glück, nämlich die Karriere, sich als das Gegenteil herausstellt?! Nämlich als etwas, das einen aus dem einen oder anderen Grund aufreibt und unglücklich macht. Wer, der nicht schon mindestens eine schwere Depression durchlitten hat oder gerade den dritten Bypass bekommt, hat schon den Mut, rechtzeitig auszusteigen? Die wenigsten. Und die, die es nicht tun, pflegen sich ihre Unentschlossenheit schön zu reden, indem sie sich, wenn schon nicht für glücklich, dann doch wenigstens besonders verantwortungsbewusst oder standhaft halten. Was auf den ein oder anderen aber auch zutreffen mag.

Ein drittes Beispiel habe ich gerade schon erwähnt: Die Partnerwahl! Eheberater wissen, dass Ehen und Partnerschaften

regelmäßig daran scheitern, dass man an das jeweilige Objekt der Begierde geradezu messianische Erwartungen knüpft. Da die wenigsten Menschen – zumal, wenn sie noch niemand anderer weggeschnappt hat – Messiasqualitäten haben, geht das in schöner Regelmäßigkeit in die Hose. Und da es ja doch nie klappt, tröstet man sich mit der Vorstellung, man sei ein besonders unabhängiger Mensch. Was natürlich meist nicht stimmt. Unabhängig ist vielmehr einer, der sich selbst einigermaßen im Griff hat und sein Heil nicht ständig außerhalb seiner selbst sucht. Im Prinzip sind die angeführten Beispiele zwei und drei natürlich nichts anderes als die Konsequenz aus Nummer eins. Die Angst vorm Alleinsein führt uns dazu, uns gesellschaftskonform zu verhalten. Das heißt, einen anerkannten Beruf zu ergreifen, einen (möglichst repräsentablen) Partner zu suchen, uns nach der aktuellen Mode zu kleiden, usw. – und zwar meist, ohne dass wir uns dessen bewusst wären.
Allerdings: Auch der anerkannteste Beruf, der repräsentabelste Partner und die erlesenste Kleidung werden die Gesellschaft kaum daran hindern, uns zu mobben, solange wir befremdliche Weltanschauungen anhängen, die ein mieses Image haben. Wir glauben und denken deshalb zumeist auch das, was die Gesellschaft gutheißt ohne es zu merken. Theoretisch herrscht bei uns bekanntlich Meinungsfreiheit. Allerdings erkannte schon Schopenhauer: »Wir können zwar tun, was wir wollen, aber wir können nicht wollen, was wir wollen.«

Abgehobenes Esoterikgelaber! Was soll das mit Islam zu tun haben?

Tja, kann ich da nur sagen: Das alles ist »Shirk«. Das sagte ich ja bereits am Anfang. Wobei es für denselben Sachverhalt sicher auch ein anderes Wort gibt, das nicht arabisch ist. Sehr gut möglich, dass ein eloquenter Israeli oder Japaner Ihnen dieselben Binsenweisheiten als Judentum oder Buddhismus verkaufen kann. Wenn Sie nun finden, dass das alles ziemlich ungemütlich und schwer klingt und man im Islam vielleicht doch eher zu viel als zu wenig Verantwortung hat, dann kann ich Sie damit trösten, dass Allah wirklich nett ist. Lesen Sie noch mal das Allah-Kapitel und die Zitate darunter. Man merkt's nur nicht immer sofort. Es geht nicht darum, ein Heiliger zu sein. Es geht nur darum, sich in die richtige Richtung zu bewegen. »Fürchte nicht das langsame Vorwärtskommen. Fürchte nur das Stehenbleiben!« lautet eine chinesische Weisheit. Wer nämlich stehenbleibt, den schwemmt der Mainstream mit. Und das ist gar nicht gut – das kann ich Ihnen versichern!

Koran zum Thema »Shirk«:
»Allah wird es nicht vergeben, dass Ihm Götter zur Seite gestellt werden; doch vergibt er das, was geringer ist als dies, wem er will.« (4:49)

Hadith zum Thema »Shirk«:
Der Prophet sagte: »Wer immer sagt: ›Niemand außer Gott ist anbetungswürdig!‹ und Gutes in der Größe eines Gerstenkorns im Herzen hat, wird der Hölle entkommen. Und wer immer sagt: ›Niemand außer Gott ist anbetungswürdig!‹ und Gutes auch nur in der Größe eines Weizenkorn hat, wird der Hölle entkommen. Und auch wer sagt: ›Niemand außer Gott ist anbetungswürdig!‹ und Gutes in der Größe des allerkleinsten Teilchens im Herzen hat, wird der Hölle entkommen.« (Bukhari)

Hadith zum Thema »Zivilcourage/nicht blind gehorchen«:
Der Prophet sagte: »Der beste Dschihad ist ein wahres Wort zu einem ungerechten Herrscher.« (Tirmidhi, Abu Dawud)

Gemäß Ka'b ibn Udjra sagte der Gesandte Gottes: »Es werden nach mir Befehlshaber kommen. Wer ihnen in ihrem Lügen glaubt und bei ihrem Unrecht hilft, der gehört nicht zu mir und ich nicht zu ihm (...). Und wer ihnen bei ihrem Lügen nicht glaubt und ihnen bei ihrem Unrecht nicht hilft, der gehört zu mir und ich gehöre zu ihm (...)« (Nasai, Tirmidhi)

Die Hadsch – vom Sinn des Opferns

Alle Jahre wieder sehen wir es in der Tagesschau. Mekka. Mit dem wohligen Gruseln, das das beängstigend Unverständliche in uns auszulösen pflegt, sehen wir jedes Mal aus der Vogelperspektive, wie Millionen weißgewandeter Muslime nach Mekka strömen, die Ka'aba umkreisen und am Ende der Pilgerfahrt mehrtägig das größte islamische Fest begehen: Id-ul-Adha, das Opferfest. Warum es die Hadsch, die Pilgerfahrt der Muslime, in die Nachrichten schafft, ist mir etwas rätselhaft. Ich meine: Ist ja nett, aber trotzdem, etwas seltsam. Wenn man sich überlegt, was so eine Sendeminute kostet …

Vielleicht bin ich aber auch wirklich zu negativ eingestellt. Die Zeiten ändern sich. Moderne, gebildete und selbstbewusste Muslime melden sich inzwischen selbst zu Wort – in der TAZ schreibt ab und zu sogar eine Kopftuchfrau, mit Foto drunter. Und auf RTL II wurde im Ramadan – warum, weiß der liebe Himmel! – jeden Tag die Zeiten des Fastenbeginns und des Fastenbrechens bekannt gegeben. Da tut sich was.

Gut. Mekka sieht man also mindestens einmal jährlich im Fernsehen. Dabei drängen sich Millionen gleichgekleideter, zur selben Zeit dieselben fremdartigen Riten vollziehender Muslime um die Ka'aba herum. Zuweilen sieht man auch Bilder von Menschen mit wutverzerrten Gesichtern, die mit Steinen den »Teufel« traktieren – bzw. eine eben diesen symbolisierende Steinsäule. Am Ende der Hadsch werden dann jede Menge Schafe geschlachtet, wobei uns die Live-Übertragung aber netterweise erspart bleibt. Deren Fleisch wird an die Armen verteilt. Ob diese Eindrücke dazu angetan sind, das Image des Islam aufzubessern, bleibt dahingestellt. Es wäre, denke ich, zumindest angebracht, diese archaisch anmutenden Bräuche etwas näher zu beleuchten. Was wissen wir eigentlich über die Hadsch? Was weiß man schon, außer vielleicht, dass sie zu den »fünf Pfeilern« des Islam gehört und jeder gläubige Muslim und jede gläubige Muslima darum einmal im Leben nach Mekka pilgern sollte?

Wer sich nun ein wenig mit Zweck und Inhalt der Pilgerfahrt beschäftigt, wird sich wundern, wie wenig der Islam die trockene »Gesetzesreligion« ist, als die man (leider auch die Muslime selbst) ihn oft darstellt. Die Hadsch strotzt nur so vor Mystik! Die Quintessenz der ganzen islamischen Lehre lässt sich an ihr ablesen: Jedes Kind ist anfangs im Einklang mit sich selbst und mit Gott (Was dasselbe ist!), entwickelt dann als Heranwachsender ein Bewusstsein und verliert seine »Unschuld«, um auf mühselige Weise den Weg zum inneren Frieden zu suchen und irgendwann das »Paradies« wiederzufinden. Und wie geschieht das? Indem man seine »Leidenschaften« zähmt. Zu diesem Zweck muss ich die natürlich erst mal identifizieren, und das ist dann schon mal die halbe Miete! Tipps hierzu finden Sie im vorherigen Kapitel. Leidenschaften zähmen ist nichts für Weicheier und schnell Entmutigte, übrigens auch nichts für Extremisten. Das kostet schon einiges an Mut, Opferbereitschaft und Selbsterkenntnis. Und genau darum dreht sich auch die Pilgerfahrt. Mut brauchten die Pilger von jeher, denn Gefahren lauerten überall – physische, aber auch spirituelle. Es ist nämlich so, dass der Satan im Islam namens Shaitan, übersetzt »der Einflüsterer«, immer gerade dort lauert, wo Menschen vielleicht gerade einen für ihre Entwicklung wirklich entscheidenden Schritt tun. Zum Beispiel bei der »Hadsch«. Ist ja klar – an solchen Stellen gibt's für den Shaitan mehr zu holen! Dort, wo eine große Chance liegt, ist immer auch ein Risiko. Shaitan ist dunkler Traum. Ein Papiertiger. Ein Schaumschläger. Aus sich heraus hat er keine Macht, auch wenn er gerne etwas aufs Mett haut und so tut als ob. Das tut seiner Gefährlichkeit aber keinen Abbruch, wenn er es schafft, uns auf die falsche Fährte zu locken. Und auch seiner Nützlichkeit keinen, wenn er es *nicht* schafft. Deshalb soll man ihn im Islam *zähmen* – nicht totschlagen! Das ist eine ganz wichtige Sache. Goethe, der übrigens weltanschaulich dem Islam wohl näherstand als dem Christentum, bezeichnete ihn im »Faust« als »die Kraft, die stets das Böse will und stets das Gute schafft«. Der Shaitan ist so etwas wie ein in die Irre führender Wegweiser. Wenn man ihn gut kennt, kann er einem höchst dienlich sein, wenn man einfach immer in die entgegengesetzte als die von ihm angezeigte Richtung geht. Wobei das nicht so einfach ist, denn das Biest stellt die Schilder dauernd um. Das heißt, er wechselt seine Taktik. Kaum meint man, herausgefunden zu haben, woran man bei sich persönlich arbeiten muss, richtet man sich quasi seinen seelischen Arbeitskeller ganz gemütlich ein und will da nicht mehr raus. Dabei hat der Wind wahrscheinlich längst gedreht. Der Shaitan versucht es vielleicht jetzt hintenrum, indem er uns zu hochmütigen Rechthabern werden oder unsere Motivationen unlauter werden lässt. Seine Denkweise kennen lernen kann man deshalb nur, wenn man die Kommunikation mit dem Shaitan nicht abbricht. Das heißt nicht, dass man ihn sympathisch findet, und eine verdammte Gratwanderung ist das auch. Jodie Foster hat den psychopathischen Serienmörder in »das Schweigen der Lämmer« ja auch nicht interviewt, weil sie ein Fan von ihm war, sondern weil sie sich in seine Gedankenwelt versetzen wollte.

Auf der Hadsch geht es hauptsächlich um das Thema »Opferbereitschaft«. Genau wie die Sache mit dem Shaitan ist das etwas, was oft komplett missverstanden wird. Denn wie schon Buddha und auch Meister Eckhart wussten, ist das Ego keineswegs eine Quelle des Frohsinns, sondern, ganz im Gegenteil, der Ursprung allen Leides.
Der Prophet Abraham, um den sich die islamische Pilgerfahrt dreht, gilt als der Urvater der drei monotheistischen Weltreligionen Judentum, Christentum und Islam. Im Koran lernen wir ihn als einen ganz besonderen Menschen kennen, der nicht nur unheimlich fromm war, sondern außerdem Mut und Sinn für Ironie besaß. Er zerdepperte die Götzenfiguren, die Gott genauso störten wie ihn selbst, und legte sich mit den religiösen Führern an. Als diese wütend den an diesem Vandalismus Schuldigen suchten, forderte Abraham die religiösen Führer auf, doch ihren Obergötzen zu fragen. Der müsse ja schließlich den Überblick haben.

In der Geschichte Abrahams findet sich dann auch eine Episode, die keiner so recht versteht und die oft als der unschlagbare Beweis für die Grausamkeit Gottes herhalten muss. Und zwar fordert Gott von Abraham, sowohl im Koran als auch der Bibel, seinen eigenen Sohn zu töten.
Den Sohn schlachten … zugegeben – da ist Erklärungsbedarf. Aber so schwer ist es nicht, meine ich! Erinnern wir uns zuerst an den islamischen Grundsatz: Wenn's blödsinnig klingt, muss es falsch sein! Wenn unser Gewissen dazu eindeutig Stellung bezieht – dann wird es schon Recht haben. Schließlich ist das Gewissen nicht so ein nettes, aber weitgehend unnützes Accessoire. So eins wie, sagen wir, Brustbehaarung. Vielmehr ist es, zusammen mit dem Gehirn, das,

was uns überhaupt erst zum Menschen macht. Wenn unser Gewissen also Einspruch erhebt, dann könnten wir ja versuchen, die Geschichte nicht ganz so wörtlich zu verstehen. Angenommen also, Gott ist nicht barbarisch – weder jetzt noch vor 3000 Jahren. Und angenommen, es handele sich bei der Geschichte um die Wiedergabe eines Traumes oder einer Vision. Was wäre dann die Aussage? Natürlich geht es hier nicht darum, dass einer sein Messer wetzt und ein Kind schlachten soll, weil ein sadistischer himmlischer Herrscher das so verlangt. Vielmehr geht es darum, dass jemand, der spirituell schon sehr weit ist, bereit ist, sein Liebstes zu opfern. Sich, wie ein Muslim »hinzugeben«. Und dies keineswegs, weil er masochistische Tendenzen hat, sondern aus zwei Gründen. Erstens, weil loslassen an sich schon gut tut. Und zweitens, weil das, was man im Tausch dafür bekommt, außerdem immer hundertmal besser ist.

Ein weiteres Detail der Geschichte finde ich dabei besonders spannend: Abraham zeigt sich bereit, das, was ihm das Liebste ist, herzugeben. Gut. Damit endet die Geschichte aber noch nicht. Es gibt vielleicht den einen oder anderen Leser unter Ihnen, die das auch schon selbst mal erlebt haben. Nicht wenige Menschen haben irgendwann in ihrem Leben ja mal so schwarze Löcher in der Seele – so Momente oder Phasen, in denen man denkt: Das war's jetzt. Tiefste Depression. Zappenduster. Neudeutsch heißt das auch »Burn-Out« – gibt's aber schon länger, das Phänomen. »Die dunkle Nacht der Seele« heißt es bei dem christlichen Mystiker Johannes vom Kreuz. Subjektiv betrachtet *ist* es auch aus, weil die Zeit nämlich dann stehenbleibt. Ist so. Einstein erklärte das so: Wenn man auf einer kochend heißen Herdplatte sitzt, wird eine Minute zur Ewigkeit. Deshalb ist die Hölle ewig, subjektiv gesehen. Und gleichzeitig nicht ewig, objektiv gesehen. Wenn man das Liebste opfern muss und nicht gerade ein Prophet ist, geht man zunächst mal unter. Das Grauen, die schiere Panik erfasst einen dabei. Wenn man aber unten ankommt, was ist da? Die Hölle? – Irrtum! Das will uns der Shaitan nur glauben machen. Glauben Sie ihm deshalb kein Wort! Die Angst, das Fallen ins Nichts war nämlich bereits die Hölle! Wenn man unten ankommt, ist da ein *grüner Garten*. Wie bei Frau Holle. Mit »O«, nicht »Ö«! Wenn einer das jetzt nicht glaubt, dann liegt es nur daran, dass er noch nicht unten angekommen ist! Nun gibt es Momente, wo einen leidenden Menschen eine solche Behauptung aus dem Mund frommer Schlauberger nicht tröstet. Im Gegenteil – sie provoziert sogar höllisch (!). Trotzdem glaube ich es, man möge mir verzeihen. Im Koran heißt es: »Mit der Drangsal kommt die Erleichterung« – das ist quasi ein Naturgesetz. Abraham ist bereit, für Gott alles hinzugeben. Aber: Letztlich muss er es gar nicht! Aus Dankbarkeit opfert er etwas anderes, wie die Pilger am Ende der Hadsch. Und zwar etwas, das zudem hungerleidenden Menschen zugutekommt. Ich bin sicher, dass das nicht unbedingt ein Schaf sein muss. Wichtig ist, dass unsere Motivation die richtige und der Zweck erfüllt ist. »Meine Barmherzigkeit umfasst jedes Ding!« ist das »letzte Wort« Allahs. Deshalb dauert die Hölle, objektiv betrachtet, auch nicht ewig.

Bei der Hadsch gedenken Muslime Abrahams, seines Opfers und der Zeit, als auch die Menschheit noch eins war. In diese Zeit sollen wir uns auf der Hadsch zurückversetzen und »zusammenkommen, auf ein Wort, das gleich ist zwischen uns«, wie es im Koran in Bezug auf die Angehörigen der verschiedenen Religionen heißt. Und wissen Sie, was die Ka'aba, dieser schwarze Würfel, in Wirklichkeit ist? Das erste Gotteshaus. Das damals noch nicht Kirche, Synagoge, Tempel, Pagode oder Moschee hieß. Das allen Menschen offen stand und noch nicht voll von edlen Lüstern und architektonischem Gedöns war. Die Kaaba ist innen leer. Das ist ein Symbol für das menschliche Herz, das auch leer werden muss. Frei von Unruhe, Bildern, Gedanken, Erwartungen. Dann kann der Friede einziehen.

Auch in der Kleidung der Pilger spiegelt sich das Leitmotiv – zurück zum Schlichten, zurück zu den Anfängen. Denn die weißen Hemden, die die Pilger tragen, sind Totenhemden, und das nicht nur symbolisch. Die Muslime, die die Hadsch gemacht haben (die nur dann Pflicht ist, wenn alle Kinder versorgt und alle weltlichen Angelegenheiten geregelt sind, man zum Beispiel keine Schulden hat), lassen sich in ihrem Pilgerhemd begraben. Die Hadsch ist sozusagen die Generalprobe für den Tod. Denn zu den Ursprüngen zurückzukehren heißt ja, zu Gott zurückzukehren. Ich glaube, man macht sogar sein Testament, bevor man zur Hadsch geht, zumal die Reise, besonders früher, auch eine unter Umständen lebensgefährliche Angelegenheit ist.

In dem Zusammenhang ergibt ja auch die Steinigung der »Teufel«-Säule einen Sinn. Das ist so eine Art Psychodrama. Dem Bösen (dem »Einflüsterer«, der einem immer irgendwie Angst macht und ins Verderben stürzen will) einmal so richtig zeigen, was 'ne Harke ist. Anschließend soll man das dann ein für alle Mal im Griff haben. Natürlich nur »insha'allah« – also »so Gott will«. Das besagt so viel wie: »Zaubern kann ich nicht, weil es nicht nur in meiner Hand liegt. Aber ich werd mir die größte Mühe geben!« Und mehr soll man ja auch nicht.

Koran zum Thema »Einheit und Spaltung«:

»Und sie zerfielen erst dann in Spaltung, nachdem das Wissen zu ihnen gekommen war, aus selbstsüchtigem Neid untereinander.« (42:15)

»Sprich: ›Oh Volk der Schrift (Bibel) – kommt herbei zu einem Wort, das gleich ist zwischen uns und euch: dass wir keinen anbeten denn Allah, und dass wir Ihm keinen Nebenbuhler zur Seite stellen, und dass nicht die einen unter uns die anderen zu Herren nehmen statt Allah.‹ Doch wenn sie sich abkehren, dann sprecht: ›Bezeugt, dass wir uns ergeben haben.‹ Oh Volk der Schrift, warum streitet ihr über Abraham, wo die Thora und das Evangelium erst nach ihm herabgesandt wurden?« (3:65f.)

Koran zum Thema »Leiden«:

»Im Namen Allahs, des Gnädigen, des Barmherzigen. Haben Wir dir nicht deine Brust erschlossen und dir abgenommen deine Last, die dir den Rücken niederwuchtete, und haben Wir nicht deinen Ruf erhört? Also wahrlich, kommt mit der Drangsal die Erleichterung. Wahrlich, mit der Drangsal kommt die Erleichterung. Wenn du nun entlastet bist, mühe dich eifrig. Und deinem Herrn widme dich ganz.« (94)

»Allah belastet niemanden über sein Vermögen.« (2:287)

Hadith zum Thema »Leiden«:

Hazrat Aisha sagte, dass sie den Prophet sagen hörte: »Niemand wird auch nur von einem Dorn gestochen oder von einem größeren Schmerz befallen, ohne das sein

Rang bei Allah erhöht und seine Fehler ihm vergeben werden.« (Tirmidhi)

Hadith zum Thema »Shaitan zum Islam bekehren, nicht tot schlagen«:
Ein Mann kam zum Propheten Mohammed und fragte ihn, ob er auch einen »Shaitan« habe. »Ja« antwortete der. »Aber der ist Muslim geworden (bzw.: »Er hat sich ergeben«)!« (Muslim).

Hadith zum Thema »Hölle dauert nicht ewig«:
Der Prophet sagte: »In der Hölle wird es einen Tag geben, wenn seine Tore gegeneinanderschlagen und niemand mehr in ihr sein wird.« (Muslim, Bukhari)

Das röteste Tuch aller Zeiten

Ob schwarz, blau oder grau mit lila Blümchen – rot bleibt es doch: das islamische Kopftuch. Es sei nichts anderes als ein Instrument zur Unterdrückung der Frau, wenn nicht gar ein politisches Symbol der Islamisten, wird immer wieder behauptet. Über die Kopftücher (samt Frauen drunter) hinweg, versteht sich. Ich muss darum sagen: Ich bewundere jede Kopftuchträgerin, die sich ihre Arglosigkeit gegenüber der sie ständig belehrenden, attackierenden, bespöttelnden oder bemitleidenden Gesellschaft bewahrt hat.

Ich weiß nicht, liebe Leserin (so Sie eine sind), ob Sie schon mal ein irgendwie »islamisch aussehendes« Kopftuch getragen haben und wissen, wie sich das auf ihre Selbstwahrnehmung auswirken kann. Wenn Sie eine Ahnung hätten, wie kreuzdämlich frau sich damit irgendwann vorkommt! Und zwar einfach deshalb, weil der gesamte Rest der Welt dazu neigt, Trägerinnen von Kopftüchern wie kreuzdämlich zu behandeln. Sofern sie leidlich »ausländisch« aussehen, bekommen sie regelmäßig Komplimente, sobald sie einen grammatikalisch korrekten Vierwortsatz sagen (andernfalls nur einen irritierten Blick). Aber auch in die andere Richtung machen sie interessante Erfahrungen: Gern wird frau als latent kriminell eingestuft – wenn schon nicht unbedingt als Al-Qaida-Sympathisantin, dann doch wenigstens als putzstelleneinkünfteverschweigende Sozialschmarotzerin.

Was dabei merkwürdig ist: Während das Kopftuch ein heiß umstrittenes Kleidungsstück ist, scheinen andererseits verrückte äußere Erscheinungen nicht nur toleriert zu sein, sondern werden inzwischen sogar als sympathisch und exzentrisch begrüßt. Neulich in einer Talkshow saß zum Beispiel ein Typ mit Anzug und roter Punkfrisur in Form eines Hahnenkamms. Vor einiger Zeit sah ich mal einen Zugbegleiter, groß und stämmig, der nicht nur lange Haare hatte, sondern auch zwei baumelnde Glitzerohrringe trug. Und der Typ vom Hermes-Paketdienst neulich sah aus wie … ein bisschen wie ein kränklicher Marabu. Das sind sehr große Vögel mit Haaren. Jeder schräge Vogel findet heute einen Job und darf öffentlich auftreten. Nur Frauen mit Kopftuch, die sieht man nirgendwo arbeiten – außer als Putzfrau, oder vielleicht bei Woolworth an der Kasse. Aber auch nur sehr vielleicht. Eine Mitarbeiterin mit Kopftuch gilt als geschäftschädigend, und dasselbe gilt für typisch islamische Produkte, wie »Halal«-Wurst, die viele Supermärkte deshalb – trotz Nachfrage – nur zögerlich ins Sortiment aufnehmen.

Es gibt kaum etwas, das einem positiven Image abträglicher ist, als seine Religiosität offen zum Ausdruck zu bringen. Ein Bekannter von mir ärgerte sich als Lehrer über einen pubertierenden Schüler, der trotz wiederholter Aufforderung, das Ding abzunehmen, mit einer provokativ dämlichen und natürlich nach hinten gedrehten Schirmmütze zum Unterricht erschien. Selbst muslimischen Glaubens löste mein Bekannter das Problem mit viel interkultureller Kompetenz und pädagogisch höchst geschickt. Zudem hatte er die Lacher auf seiner Seite. Er sagte: »Hören Sie – ich bin nicht intolerant! Wenn Sie die Mütze aus religiösen Gründen tragen, können Sie sie auflassen!« – Die Klasse prustete los. Der Schüler nahm die Mütze ab und ließ sie nie wieder sehen …! Religiös, und dann noch Muslim zu sein, ist generell peinlich. Es ist ober-uncool. Am Allerpeinlichsten aber ist es für weibliche Muslime, die sich

bereitwillig den Regeln einer »Männerreligion« unterwerfen und dies durch das Tragen des besagten »Symbols der Unterwerfung« auch noch freimütig signalisieren.
Dabei belegen Umfragen und Interviews: Unter den Kopftüchern verbirgt sich inzwischen viel mehr Individualität und eigenständiges Denken als unter H&M-Einheitsfummeln. Die türkisch-deutsche Autorin Hilal Sezgin, Feministin, Tierschützerin und Muslima, hat für ihr Buch »Typisch Türkin!« zahlreiche Türkinnen interviewt und kommt zu der Erkenntnis, dass es weder die »typische Türkin« noch die typische »Kopftuchträgerin« gibt. Und sie stellte sogar bei sich selbst mit Verwunderung fest, dass sie in Klischees denkt. Denn als sie eine erfolgreiche Anwältin befragte, deren Terminkalender so voll war, dass sie nur auf dem Flughafen zwischen zwei Flügen eine halbe Stunde für ein Interview erübrigen konnte, war sie verblüfft. Und zwar über ihre eigenen Vorurteile. Mit einem Kopftuch hatte sie bei der ihr bis dahin unbekannten Frau nämlich nicht gerechnet!
Woher kommt nun die islamische Tradition des Kopftuchtragens? Was ist der Sinn des Kopftuchs?

Das steht gar nicht im Koran! Und in der Türkei ist es auch verboten – aber hier wollen die das einfordern, die Mohammedaner!

Wird das Kopftuch im Koran erwähnt oder nicht? Symbolisiert das islamische Kopftuch die Zweitrangigkeit der Frau und kollidiert somit mit den Werten des Grundgesetzes, wie man nicht müde wird zu behaupten? Und wissen die Türken es besser als wir? Nun, in der Türkei ist das Tragen des Kopftuches beispielsweise an Universitäten oder in öffentlichen Einrichtungen tatsächlich nicht gestattet. Aber die Türkei hat eine laizistische Tradition, die gegenwärtig durchaus umstritten ist. Außerdem: Seit wann orientieren wir uns an der Türkei?! Also zurück zu Frage Nummer eins: Steht es im Koran?

Kopfbedeckung und Haare sind im Koran nicht explizit erwähnt. Es gibt aber zahlreiche Hinweise darauf, dass in der Entstehungszeit des Islam, ebenso wie auch bei uns bis vor Kurzem, eine Kopfbedeckung zur »anständigen« Bekleidung gehörte. Zwei Verse des Korans thematisieren die Kleidung der Frau:

»Und sprich zu den gläubigen Frauen, dass sie (…) ihre Reize nicht zur Schau tragen sollen, bis auf das, was davon sichtbar sein muss, und dass sie ihre Tücher über ihren Busen ziehen sollen und ihre Reize vor niemandem enthüllen als vor ihren Gatten oder ihren Vätern (…) Und bekehrt euch zu Allah insgesamt, oh ihr Gläubigen, auf dass ihr erfolgreich seid.« (24:33)

»Oh Prophet! Sprich zu deinen Frauen und deinen Töchtern und zu den Frauen der Gläubigen, sie sollen ihre Tücher tief über sich ziehen. Das ist besser, damit sie erkannt und nicht belästigt werden. Und Allah ist allverzeihend, barmherzig.« (33:60)

Es gibt auch eine Überlieferung, in der der Prophet sagt, welche Körperteile Frauen in ihrem eigenen Interesse (!) bedecken sollen, nämlich alle außer Hände, Füße und Gesicht. Ob man diese Überlieferung nun a) für authentisch und b) wortwörtlich für alle Zeiten und Gesellschaften verpflichtend hält, sollte jeder Frau selbst überlassen bleiben. Auch Männer tragen übrigens, wie Sie sicher wissen, im Islam traditionsgemäß eine Kopfbedeckung, weil der Prophet Mohammed das auch tat.

Klingen die Koranverse nun nach gemeiner Frauenunterdrückung? Übrigens werden vor dem Vers, in dem Frauen zur Bedeckung ihrer »Reize« aufgefordert werden, die Männer dazu angehalten, Frauen nicht anzustarren. Das Kopftuch wird im Koran nicht gesondert erwähnt, stattdessen werden Frauen allgemein aufgefordert, sich bedeckend zu bekleiden, damit sie nicht belästigt werden. Wobei es ausdrücklich um das Wohlergehen der Frauen geht, nicht das der Männer. Und Männer tragen, wie gesagt, im Islam traditionsgemäß auch was auf dem Kopf. Wie passt denn das jetzt zu der These vom Kopftuch als dem Zeichen der Unterdrückung?
Nicht anders als dreist zu nennen ist die Beharrlichkeit, mit der dem islamischen Kopftuch unterstellt wird, es sei grundsätzlich eine »Flagge des Islamismus« und vor allem ein Symbol für die Zweitrangigkeit der Frau im Islam. Weder aus den Koranversen noch aus den Hadithen kann man dies irgendwie schlussfolgern. Selbst mit viel Fantasie und bösem Willen nicht. Seit längerer Zeit frage ich mich bereits, ob sich die »Experten«, die sich alle in den letzten Jahren zu diesem Thema geäußert haben, nie die Mühe gemacht haben, einmal wirklich in den heiligen Schriften nachzulesen? Aus den zitierten Koranversen geht das mit der angeblichen Minderwertigkeit der Frau offensichtlich nicht hervor. Aber interessant wäre es vielleicht, in diesem Zusammenhang mal die Bibel zu bemühen. Dort heißt es nämlich (1. Korinther 11):

»Ich will aber, dass ihr wisset, dass Christus eines jeglichen Mannes Haupt ist, der Mann aber des Weibes Haupt, Gott aber Christi Haupt. Ein jeglicher Mann, welcher betet oder weissagt und etwas auf dem Haupte hat, schändet sein Haupt. Jedes Weib aber, welches betet und weissagt mit unverhülltem

Haupt, schändet ihr Haupt; es ist ein und dasselbe, wie wenn sie geschoren wäre (…) Der Mann hat nämlich darum nicht nötig, das Haupt zu verhüllen, weil er Gottes Bild und Ehre ist; das Weib aber ist des Mannes Ehre.«

Christen im Allgemeinen und Paulus-Fans im Besonderen seien damit getröstet, dass es, soweit ich weiß, gar nicht sicher ist, ob Paulus diese Zeilen selbst verfasst hat. Aber gesagt werden muss das mal: Die Idee mit dem Kopftuch als Symbol der Zweitrangigkeit findet sich definitiv nicht im Koran, durchaus aber in der Bibel! Womit ich nicht in Frage stellen will, dass dieser Gedankengang mittelmäßigen islamischen »Theologen« mit Selbstwertproblemen sehr gut gefallen mag. Dabei ist mir in diesem Zusammenhang – von wegen »Männer sind irgendwie ein bisschen mehr Abbild Gottes, deshalb brauchen Frauen ein Kopftuch« – ein nettes Zitat in die Hände gefallen. Die Psychologin Dr. Michaela Özelsel zitiert in ihrer Abhandlung über die »Frau im Islam« (erschienen in der Zeitschrift »Dialog der Religionen«) den berühmten Theologen Ibn Arabi mit folgenden Worten: »(Die Frau) ist eine nach Allahs Ebenbild erfolgte Schöpfung. Die Anschauung Allahs in der Frau ist aber vollkommener und vollständiger (als die im Manne). Aus diesem Grunde liebte der Gesandte Allahs die Frauen, weil nämlich seine Gottesanschauung in ihnen am vollständigsten war.«
Was mich persönlich angeht, so trage ich den »Lappen«, der mich zugebenermaßen oft nervt, seit über zwanzig Jahren, und zwar ganz freiwillig. Nerven tut er nur, weil ich offensichtlich eine kopftuchunfreundliche Kopfform in Kombination mit besonders rutschigen Haaren habe. Jedenfalls hält bei mir nur die Baumwollversion vom Typ polnische Landarbeiterin. Dafür ohne Klemmen und Nadeln.

Irgendwann wird frau bei den ganzen Debatten einfach paranoid. Ich jedenfalls. Man fragt sich insgeheim, wie freiwillig man das Ding eigentlich wirklich trägt und wie man sich ohne fühlen würde. Ich kann da auf eine interessante Erfahrung zurückgreifen. Vor einiger Zeit ist mir das gute Stück Identität einfach weggeweht. Ich hatte es bei der Arbeit so nach hinten gebunden und kaum gespürt, weil es ein ganz dünner Stoff war. Als ich in Hoheneggelsen in den Zug stieg. Kennen Sie Hoheneggelsen? Mit Sicherheit das kleinste Kaff mit Bahnanschluss in ganz Norddeutschland! Ich guckte also in Hoheneggelsen im Zug zufällig in den Spiegel – und das Teil war weg! Seit X Jahren trage ich immer ein Tuch, wenn ich die Wohnung verlasse. Und nun stand ich oben ohne da. Ein interessantes Erlebnis, vielleicht eine Art Ramadangeschenk. Es war nämlich gerade Ramadan. Also, bitte richtig verstehen! Die *Erfahrung* war das Geschenk, nicht die »Befreiung vom Tuch«!

Im ersten tuchlosen Moment waren meine Gefühle zwiegespalten. Einerseits dachte ich: »Na, das ist ja mal ein Spaß! Nun kannst Du's ja ausprobieren. Einmal wieder ›normal‹ fühlen!« Andererseits fühlte ich mich ziemlich dumm, vom Schicksal gewissermaßen bloßgestellt – wenn auch nicht gerade nackt, was übertrieben wäre. Schließlich bin ich die ersten zwanzig Jahre meines Lebens auch ohne diese umstrittene Kopfbedeckung herumgelaufen, die sich ja ganz grundlegend von allen ähnlichen Kleidungsstücken, einschließlich des Nonnenhabits, unterscheiden soll.

Ich hätte mich eigentlich befreit fühlen und meine Haare übermütig im Wind schütteln müssen. Tat ich aber nicht. Die Vorzüge einer körperbedeckenden Kleidung, einschließlich

Kopftuch, hatte ich nämlich während eines längeren Aufenthaltes in Spanien entdeckt, als ich mich in der ungewohnten Situation wiederfand, an jeder Straßenecke von älteren Männern belästigt zu werden. In Spanien belästigen, seltsamerweise, nur Männer über 65. Diese Lustgreise, Spanisch als »Viejos verdes« – »Grüne Alte« – bezeichnet, nervten mich nach einer Weile gewaltig und ich begann, mit dem Kopftuch zu liebäugeln. Warum sollte ich denen auch nur einen Quadratzentimeter meiner Person mehr als nötig zeigen, bzw. als Angriffsfläche darbieten? Hab ich nicht eingesehen. Wer nun findet, dass frau, statt ihre »Reize zu bedecken«, lieber Karate lernen oder sich eine Vielfalt an spanischen Schimpfworten aneignen sollte, dem antworte ich: Das schließt sich keineswegs aus. Ein umfangreiches Sortiment schlimmer Wörter im Vokabular in Kombination mit bedeckender Bekleidung sind zweifellos irritierend. Und effektiver, als im Minirock abzugehen wie ein HB-Männchen und lächerliche Drohungen auszustoßen. So was weckt doch höchstens Lara-Croft-Fantasien!
In Spanien hatte ich mich also mit dem Kopftuch angefreundet. Einerseits fand ich die Situation in Hoheneggelsen, wie gesagt, zugegebenermaßen ganz spaßig. Zwar fühlte ich mich doch etwas seltsam. Etwas »verkleidet« – und ich hasse es überaus, mich zu verstellen. Aber ich fühlte mich auch auf einmal in ungewohnter Weise gesellschaftlich integriert. Die mir so gut bekannten sekundenbruchteilkurzen Ausdrücke des Misstrauens auf den Gesichtern der Mitmenschen, die tuchtragenden Musliminnen begegnen, waren plötzlich verschwunden. Denn nun war ich zweifellos eine von ihnen. Einfach eine »normale« Deutsche, wie sie dem Bild entspricht – als wäre eine unauffällige Erscheinung eine Garantie für eine ebenso unauffällige Weltanschauung!

Auf dem Rückweg – am selben Tag – machte ich wieder in Hoheneggelsen Halt. Mit wachsender Wehmut machte ich mich auf die Suche nach meinem Tuch. Meine anfängliche Neugier, wie ich mich nach so vielen betuchten Jahren wohl so ganz ohne fühlen würde, war verflogen. Ich begann, meiner Identität und dem blauen Stück Stoff nachzutrauern, das zudem auch noch geliehen gewesen war. Ich fand es nicht. Die Sonne schien vom tief blauen Himmel, und in meine Freude über den traumhaften Herbsttag mischte sich ein Stück Ärger über ein verlorenes Stück Privatssphäre. Ich ärgerte mich über meine (so schien es mir jedenfalls) penetrant leuchtenden Haare. Es mag einfach Gewohnheit gewesen sein oder eben wirklich das Bedürfnis nach Intimsphäre. Vergleichbar vielleicht mit dem Ärger, den im Erdgeschoss wohnende Leute empfinden, denen man beim abendlichen Streit oder Abendbrot durch eine Gardinenritze ins Wohnzimmer glotzt. Dass man sich darüber ärgert, habe ich mal ausprobiert. Und zwar in den Niederlanden.

Nein – ich fühle mich ohne Tuch hier in Deutschland nicht schutzlos einer triebgesteuerten Männerwelt ausgeliefert. Nur: Mit Tuch fühle ich mich wohler. Keine Ahnung, warum. Ich stelle mir auch die aus emanzipatorischer Sicht legitime Frage, warum angeblich selbstbewusste Frauen eigentlich immer mehr von sich zeigen müssen und wollen als Männer. Nicht genauso viel, sondern mehr. Und sie merken's nicht mal. Kaum kommt die Sonne raus, zwängen Mädchen sich in hautenge Tops und kurze Höschen, weil ihnen angeblich sonst so »heiß« ist. Während sich die Schweißproduktion von Jungs und Männer in T-Shirts und langen, weiten Hosen doch offenbar auch in Grenzen hält. Tja. Die Mädels bilden sich wohl ein, sich in dem Outfit wohl zu fühlen, genau wie ich in meinem.

Ich hab mir jedenfalls, nach der Geschichte in Hoheneggelsen, ganz fest eingebildet, froh gewesen zu sein, als ich irgendwann wieder zu Hause war und meine Haare wieder ganz für mich hatte.

Hadith zum Thema: »Kurz gucken erlaubt, glotzen verboten«:

Der Prophet sagte: »Oh Ali, lass dem ersten Blick keinen zweiten Blick folgen. Denn der erste Blick gehört noch dir, aber der zweite Blick gehört dir nicht mehr.« (Abu Dawud, Tirmidhi)

Hadith zum Thema »Kleidung von Frauen«:

Hazrat Aisha berichtete, dass Asma Bint Abi Bakr einmal beim Propheten eintrat und durchsichtige Kleidung trug. Da wandte der Gesandte Allahs sich von ihr ab und sagte zu ihr: »Oh Asma', wenn die Frau die Reife erreicht, dann darf von ihrem Körper nur dies gesehen werden und er zeigte auf sein Gesicht und seine Hände, denn dies ist besser als Vorsichtsmaßnahme, und unter Berücksichtigung der Verdorbenheit der Männer. So soll die Frau von ihrem Schmuck nichts zeigen außer dem, was von ihrem Gesicht und ihren Händen zu sehen ist. Allah ist der Verleiher von Erfolg, es gibt keinen Herrn außer ihm.« (Abu Dawud)

Die Köpfe unter den Tüchern

Und noch einiges zu einem schier unerschöpflichen Thema: Vorurteile gegen »Frauen im Islam«. Frauen werden bekanntlich im islamischen Kulturkreis tagtäglich unterdrückt, eingesperrt, geschlagen, verschleiert und zwangsverheiratet. Man schmort meist ganz gerne im Saft der eigenen Vorurteile. Und da schließe ich mich selbst gar nicht aus, wenn ich auch zwischen Theorie und Praxis differenziere. Hätten Sie gedacht – ich wundere mich da selbst drüber –, dass ich als Muslima, die ich zwar deutsch bin, aber mit mehr Migranten als Deutschen Kontakt habe, nicht frei von Vorurteilen bin? Genau wie Hilal Sezgin? Das ist schon sehr komisch, wenn man das bemerkt.

Ziemlich verblüfft hat mich zum Beispiel eine Schülerin von mir, eine kurdische Kopftuchträgerin, die mir erzählte, wie wenig unterdrückt sie sich jemals gefühlt habe. Als sie klein war, war sie Papas Prinzesschen, dessen Geburt er, nach mehreren Söhnen, sehnlichst erwartet hatte. »Ich war ein verwöhntes, zickiges Monster«, erklärte sie mir sinngemäß. »Sonntags kam Papa immer um elf mit einem Frühstückstablett an mein Bett, und ich schickte ihn wieder weg: ›Mensch, du weißt doch, dass ich vor zwölf nichts essen kann!‹ – Dann ging Papa leise aus dem Zimmer und kam um zwölf wieder!« Heute sei ihre eigene Tochter, über zwanzig und immer noch zu Hause lebend, so verwöhnt, dass sie keinen Handgriff im Haushalt tue. Meine Schülerin meinte, das sei aber okay so. Es sei halt Gottes Denkzettel für ihr eigenes egoistisches Verhalten.

Ein anderes Mal habe ich mich im Supermarkt ertappt: Ich stand vor der Kasse in einer sehr langen Schlange und sah vor

mir ein »türkisches« Ehepaar. Der Mann unterhielt sich in einigermaßen fließendem Deutsch mit seinem Freund, die Frau, etwa 50 und mit Kopftuch, stand daneben. Als Deutschlehrerin konnte ich nicht umhin, die Frau kurz auf ihre Deutschkenntnisse hin zu taxieren. Im Bruchteil einer Sekunde stufte ich sie irgendwo zwischen Alphabetisierungskurs und »Modul 1« ein. Bis sie den Mund aufmachte: »Ja, hallo?? Samstag und nur eine Kasse auf – was ist das denn?!« Ich war sehr verwundert. Und zwar weniger über den akzentfreien Spruch, als über meine eigene Doofheit.
Meine eigene Voreingenommenheit musste ich mir auch eingestehen, als mir Folgendes passierte: Eine meiner ehemaligen Schülerinnnen, aus dem Iran stammend, hatte mich zum Bummeln und Kaffeetrinken in die Stadt eingeladen. Wir saßen in einem Café in der Fußgängerzone, als eine sehr alte, extrem gebückt am Stock gehende ältere Frau vorbeikam. Eine mit Kopftuch. Eine von der Sorte, die überhaupt nicht angesprochen wird, weil man ihr kein Wort Deutsch zutraut. Leila – so heißt meine Freundin und Exschülerin, genau wie die Marokkanerin – sagte: »Warte mal! Ich glaub, die kommt aus dem Iran!« Sie sprach die alte Dame auf Farsi an, und die Frau antwortete – allerdings bestand sie nach einigen Minuten darauf, das Gespräch auf Deutsch fortzusetzen. Sie zog sich einen freien Stuhl heran und setzte sich zu uns, um uns einen ziemlich ausführlichen und enthusiastischen Vortrag über unterschiedliche Techniken des Deutschlernens zu halten. Sie kaufe sich regelmäßig Kinderbücher, und zwar gleich da drüben! Dabei zeigte sie auf eine gegenüberliegende Buchhandlung. Kinderbücher kaufe sie deshalb, weil sie so leicht zu verstehen seien. Sie schreibe sich die Sätze und Vokabeln dann auf kleine Zettel ab, die hänge sie überall in der Wohnung auf. Vor

dem Einschlafen lasse sie die Wörter dann vor ihrem geistigen Auge Revue passieren. »So lernt man am besten!«, erklärte sie und strahlte über das ganze Gesicht. – »Guck mal, wie aufrecht die auf einmal sitzt!«, flüsterte mir Leila zu, die sich wohl auch ein bisschen beschämt fühlte, obwohl sie selbst äußerst ehrgeizig war.

Interessant ist – um zu den Vorurteilen der anderen zurückzukehren – die Unterscheidung zwischen Konvertitinnen und den »echten« Kopftuchfrauen, zu denen sich übrigens auch jene rechnen dürfen, die schon hier aufgewachsen sind. Hauptsache, ihre Eltern kommen aus einem »orientalischen Land«. Dass das »Richtige« sind, ich als Konvertitin dagegen keine, merkt man, wenn man interkulturelle Veranstaltungen besucht. Die teilnehmenden Nichtmuslime suchen dann immer eher das Gespräch mit den »Richtigen« als mit den Konvertiten. Wenn die »Richtigen« dann aber nicht auf den Kopf gefallen sind und den Nichtmuslimen mehr oder weniger dasselbe erzählen, wie es die Konvertiten täten, nämlich, dass man die religiöse Lehre des Islams nicht mit arabischer, türkischer oder pakistanischer Dorfkultur verwechseln darf, dann habe ich das Gefühl, immer das Klickern mehrerer fallender Groschen zu hören. Denen glaubt man.

Mir ist das eigentlich Recht. Denn der Witz an der Sache ist, dass zwischen Konvertiten und hier aufgewachsenen oder geborenen gläubigen Muslimen oft kein großer Unterschied besteht. Ein Großteil von den in islamischen Familien geborenen jungen Muslimen – besonders, wenn sie gebildet sind und ein eher liberales Elternhaus hatten – hat sich nämlich die Zugehörigkeit zum Islam mindestens genauso hart »erarbeitet« wie die Konvertiten. Das weiß nur kaum jemand. Viele Leute haben noch nicht mitbekommen, dass auch in der isla-

mischen Welt, bzw. im Mikrokosmos islamischer Familien die Zeit nicht stehengeblieben ist. Jedenfalls unter den Gebildeten läuft es heute selbst in Kairo oder Bagdad nicht mehr so einfach ab, dass der Patriarch auf den Tisch (oder woanders hin-) haut, eine Ansage macht und alle gehorchen. Und dass mit spätestens 11 die Tochter zwangsverschleiert und mit 15 verheiratet wird. Also, selbstverständlich gibt es das immer noch. Besonders auf Dörfern und in ungebildeten Familien. Natürlich gibt es diese Fälle und ich möchte noch einmal betonen, dass ich das nicht in Frage stelle und natürlich schlimm finde. Möglicherweise regen sich gläubige Muslime aber über solche Missstände sogar mehr auf als Nichtmuslime – schon, weil ihre Religion dadurch in Verruf gebracht wird.
Dass Gewalt und Frauenunterdrückung in verschiedensten Formen existieren, und dass sie bekämpft werden müssen, steht außer Frage. Nur: Sehr viele dieser Unsitten haben nicht das Geringste mit der islamischen Lehre zu tun. Es ist schade, dass die Medien wenig Interesse daran haben, wirklich kompetente Fachleute zu Wort kommen zu lassen, die dies explizit mit konkreten Fakten belegen. Genitalverstümmelung wird zum Beispiel in Ägypten auch von den christlichen Kopten praktiziert, ist dagegen in den allermeisten islamischen Gegenden völlig unbekannt. Verstümmeln darf man im Islam nicht mal Tiere, und wie der Islam zu weiblicher Sexualität steht, habe ich ja schon dargelegt. Es ist also ziemlich grotesk, diesen Brauch religiös legitimieren zu wollen. In Ägypten hat sich inzwischen eine große Gruppe von islamischen Theologen zusammengeschlossen, um diese bestialische, aus grauer Vorzeit stammende Unsitte als unislamisch zu brandmarken. Und Ehrenmord – so etwas gibt es auch unter Jeziden oder sizilianischen Katholiken, und niemand kommt auf die Idee,

einen Zusammenhang zur Religion herzustellen. Übrigens finden Sie auch das Wort »Steinigung« nirgends im Koran – wohl aber im Alten Testament.
Nun zum Thema »Zwangsverheiratung«. Zunächst sollte man diese nicht generell mit »vermittelten Ehen« über einen Kamm scheren. Dass Ehen auf die ein oder andere Weise vermittelt werden, ist in allen Kulturen bekannt und war bis vor Kurzem auch bei uns noch Standard. Wenn kein Zwang im Spiel ist, kann so eine Vermittlung durchaus hilfreich sein, um potentielle Partner kennen zu lernen und Erkundigungen über Charakter, Lebensumstände und Vorgeschichte einzuholen. Natürlich lässt sich nicht leugnen, dass der Übergang zur Zwangsehe oft fließend ist, zumal es viele Formen und Abstufungen von Zwang und Druck gibt. Zwangsehen lassen sich prinzipiell mit der islamischen Lehre nicht rechtfertigen. Eine gegen den Willen der Eheleute geschlossene Ehe betrachtete der Prophet als schlicht ungültig. Und es gibt eine Überlieferung, in der eine junge Frau sich beim Propheten darüber beschwerte, dass sie einen Mann heiraten solle, den sie nicht liebe. Als der Prophet ihr antwortete, dass sie dazu niemand zwingen könne, antwortete sie, in Wirklichkeit sei sie mit der Ehe einverstanden, habe diese Frage aber extra gestellt, damit unter Muslimen künftig Klarheit über dieses Thema herrsche.
Doch zurück zum Leben in muslimischen Familien, von denen wir ein Bild haben, als herrschten dort grundsätzlich noch patriarchalische Verhältnisse wie vor 500 Jahren. Was kaum einer weiß, ist, dass es auch sehr viele traditionell muslimische Familien mit halbwüchsigen Kindern gibt, in denen es inzwischen längst zu denselben Reibereien, Machtkämpfen, Feilschereien und Abgrenzungsversuchen von den Eltern kommt wie in unseren. Es ist ja nun nicht so, dass die komplette is-

lamische Welt hinterm Mond lebt und noch nie etwas davon gehört hat, dass es da so Dinge wie Aufklärung, Atheismus, andere Religionen oder Frauenemanzipation gibt. Zumindest die Gebildeten haben sich damit längst auseinandergesetzt – eine Folge davon ist eine seit längerem zu verzeichnende Rückbesinnung auf den Islam. Der ägyptische Politologe Abdel-Samad ist der Ansicht, dass der von Samuel Huntington prophezeite »Kampf der Kulturen« längst begonnen habe. Allerdings nicht unbedingt zwischen der angeblich rückständigen homogenen »islamischen« und der »zivilisierten« Welt. Sondern durchaus auch innerhalb der islamischen Kulturen.

Inzwischen ist es immer häufiger so, dass die junge Generation wieder bewusst den Islam praktiziert, und zwar oft gegen den Willen ihrer Eltern. So setzt sich das von einer jungen Londonerin geschriebene Theaterstück »Fatima« mit dem (realen) Fall einer jungen Frau auseinander, die »den Schleier nimmt« und damit ihre Mutter, die zeitlebens gegen das Tuch angekämpft hat, zur Weißglut bringt. Und tatsächlich gibt es nicht wenige männliche Muslime, die ihre Frauen oder Töchter keineswegs »unter den Schleier zwingen«, sondern das Tuch gar nicht so toll finden. Viele schämen sich, mit vermeintlich von ihnen – den bösen Machos – »zwangsvermummten« Frauen auf die Straße zu gehen. Ein Mann erzählte mir, beim Schaufensterbummel bleibe seine Frau oft ein Stück zurück, was ihn immer aufrege. »Dann denken die Leute doch wieder: Guckt mal, diese Muslime! Da muss die Frau die Tüten tragen und immer ein paar Schritte hinter dem Mann gehen.«

Übrigens geht aus mehreren Studien zum Thema »frühkindliche Bildung in Zuwandererfamilien« – durchgeführt unter anderem von der Psychologien Birgit Leyendecker – auch hervor, dass türkische Familien in Befragungen eine »gute Bildung« häufiger als ein wichtiges Sozialisationsziel angeben als deutsche. Wer hätte das gedacht? Es gibt so viele Trugschlüsse, Missverständnisse und Vorurteile, die man unter Umständen selbst dann nicht loswird, wenn man jahrelang interkulturelle Kontakte pflegt. Vieler Verhaltensweisen und Differenzen sind sich die Migranten meist selbst gar nicht so bewusst – worin sie sich von deutschen Durchschnittsbürgern wiederum wenig unterscheiden. Aus Gewohnheit, Misstrauen und vielleicht zum Teil auch, weil im Islam Privatsphäre ein hohes Gut ist, lassen sich, wie mir scheint, viele Migranten auch nicht so gerne »in die Karten gucken«. Zum Beispiel gibt es in vielen Kulturen (nicht nur in islamischen Ländern) die Sitte, mindestens zwei Vornamen zu haben: einer fürs Private, der andere für die »Außenwelt«, was ich sehr bezeichnend finde. Dahinter steht wohl ein magisches Denken. Wer den Namen eines Menschen kennt, besitzt auch Macht über ihn. Auch mir als Muslima mit sehr viel Kontakt zu Migranten aus verschiedenen Kulturen sind bis heute viele Dinge unverständlich, und oft muss ich Vorurteile korrigieren. Ob es zum Beispiel mit der Vorherrschaft der Väter/Männer in den Familien tatsächlich so weit her ist, möchte ich zumindest in Frage stellen. Vor Jahren nahm ich an einem interkulturellen Gesprächskreis teil, dort sprach ich mit vier jungen Türkinnen, die übrigens aus unterschiedlichen Familien stammten. Alle vier behaupteten, dass bei den meisten Türken zu Hause die Frauen die »Hosen anhätten«! Und ich erinnere mich noch an eine Szene, die mein schwer beeindruckter Mann in Marokko von unserem Hotelzimmer aus beobachtete. Ein Auto war wohl etwas schnell um die Ecke gefahren und hatte dabei ein Kind gestreift. Nichts passiert. Aber binnen Sekunden war das Auto von Dutzenden fuchsteufelswilden, zeternden Furien umringt, die den Fahrer festhielten. Der Mann konnte von Glück sagen, dass er nicht gelyncht wurde und man nur die Polizei rief!

Hadithe zum Thema »Zwangsheirat«:
»Eine Jungfrau muss keine Ehe eingehen, bevor sie ihre Einwilligung dazu gibt. Und eine Geschiedene oder eine Witwe sollte ebenso ihre Zustimmung zu dem vorgeschlagenen Mann geben.« (Bukhari)

Eine Frau namens Khansa bint Khidam kam einst zum Propheten und beklagte sich: »Mein Vater zwang mich, meinen eigenen Cousin zu heiraten, um damit seinen Status (in den Augen der Leute) zu erhöhen.« Der Prophet sagte ihr, dass sie frei sei, diese Ehe aufzulösen und, wen auch immer sie wünscht, zur Ehe auszuwählen. Sie antwortete: »Ich akzeptiere die Wahl meines Vaters. Meine Absicht war es, die Frauen wissen zu lassen, dass die Väter nicht das Recht haben, sich in die Eheschließung einzumischen.« (Ahmad, Nasa'i und Ibn Madschah)

Hansa Bint Hidam Al-Ansariyya berichtete, dass sie als verwitwete Frau von ihrem Vater wiederverheiratet wurde und dass sie damit nicht einverstanden war. Sie begab sich deshalb zum Gesandten Allahs, und er machte ihre Ehe rückgängig. (Bukhari)

Warum Mauern zwar nicht islamisch ist, aber sind

Es gibt einen schönen Witz über das Wesen von (Nord-)Deutschen. Er geht so: »Windstärke 10. Die kleine Nussschale, auf der Fischer Hauke mit seinem Sohn hinausgefahren war, ist gekentert, und Hauke rettet sich an Land. Sein Sohn treibt weiter in den meterhohen Wellen. Ein anderer Fischer aber, der ebenfalls auf seinem Boot gegen die Naturgewalten zu kämpfen hat, fasst sich ein Herz und arbeitet sich, unter Einsatz seines Lebens, zu Haukes Sohn vor. Nach langer Zeit hat er endlich es geschafft, zieht den Jungen ins Boot und steht schließlich, tropfnass und am Ende seiner Kräfte, vor dem Vater. Als dieser seinen Sohn in Empfang nimmt, sagt er, an den anderen Fischer gewandt, nur: »Un' de Mütz'??«

Nun mag sich hinter dieser Frage auch irgendwo Rührung und Dankbarkeit verstecken. Leider kommt das nirgends rüber. Ich bin mir jedenfalls ziemlich sicher: Chinesischen Au-Pair-Mädchen bleibt bei diesem für meinen Geschmack köstlichen Witz das Lachen im Halse stecken. Dasselbe gilt für russische, südamerikanische, nordamerikanische und afrikanische Au-Pair-Mädchen.

Wir Deutschen kämpfen so ziemlich auf verlorenem Posten für unsere Definition von Aufrichtigkeit. Durch ein Minimum an Höflichkeit und Diplomatie könnten wir vielleicht vermeiden, die Gefühle anderer Menschen zu verletzen. Bis zu einem gewissen Grad habe ich da meine Lektion gelernt, als ich vor Jahren einmal einen Bekannten anrief. Wie immer, nach der kürzesten mir bekannten Begrüßungsformel – wahrscheinlich

»Tag!«, »Salam!« oder »Moin!« – ging es in medias res. »Ich habe folgende Bitte!«, begann ich. »Ich brauche ganz dringend das Buch XY, von dem du neulich erzählt hast – kannst du mir das bitte mal schicken?« »Ja, kein Problem! So bald wie's geht«, antwortete mein Gesprächspartner. »Gib mir aber bitte ein paar Tage Zeit. Mein Vater ist gestern gestorben.« Die völlig ironiefreie Freundlichkeit seiner Reaktion beschämte mich zutiefst. Seit genau diesem Tag beginne ich, bevor ich mit egozentrischen Jammertiraden oder unverschämten Bitten herausplatze, meine Gespräche zumindest mit einem ernstgemeinten »Wie geht's?«. Wenn der andere dann grünes Licht gibt, kann's losgehen. Insha'allah ist meine Persönlichkeitsentwicklung in dieser Sache aber noch nicht abgeschlossen …
Die eben erwähnten kulturellen Differenzen zwischen uns und dem Rest der Welt führen gerade bei Deutschen oft zu dem Eindruck, der Islam habe irgendwie »eine Fassade«. Muslime seien »nicht aufrichtig«, argwöhnt man oft, was auf die so genannte »Takiya« zurückzuführen sei – das sei das islamische »Gebot, sich in Feindesland zu verstellen«. Masha'allah! – kann ich als Muslima da nur sagen. Wer hätte gedacht, dass ich nach einem knappen Vierteljahrhundert Muslimdasein noch etwas so Grundlegendes dazulernen darf! Ich war diesem arabischen Fachterminus in muslimischen Kreisen nämlich nie zuvor begegnet – weder in schriftlicher noch in phonetisch umgesetzter Form. Jetzt habe ich mich erkundigt und herausgefunden, dass Takiya eine im Mittelalter im Schiitentum entstandene Praxis ist. Es handelt sich bei der Takiya allerdings nicht um einen Freibrief zur Heuchelei, sondern lediglich um die Erlaubnis gemäß dem Koranvers in 16:107, die Glaubenszugehörigkeit zu verheimlichen, sofern man an Leib und Leben bedroht ist.

Tatsächlich sind »Fassaden«, die nicht nur den Zweck haben, auf psychische Befindlichkeiten Rücksicht zu nehmen, durchaus islamisch. Das hat aber herzlich wenig mit einer Befürwortung von Lügen und Heuchelei zu tun. Lügen ist im Islam eine der schlimmsten Sünden überhaupt und war dem Propheten Mohammed ganz persönlich äußerst verhasst. Das steht fest. Trotzdem kann es – wenn die Situation es gebietet und die Motivation die richtige ist – Situationen geben, in denen man lügen darf oder sogar sollte. Zum Beispiel, um einen Krieg zu verhindern. Das ist allerdings ein heikles Thema, und man ist möglicherweise gut beraten, eine solche Lüge nicht an die große Glocke zu hängen. Im Koran wird in der Sure Al-Kahf eine Geschichte von einem Mann erzählt, der lauter Dinge tut, die von außen betrachtet falsch sind. In jenem spezifischen Moment war es aber gar nicht falsch, sondern das einzig Richtige! Die Aussage dieser Geschichte ist ziemlich starker Tobak und übersteigt auch den spirituellen Horizont eines ominösen Begleiters, der in dieser Geschichte den Mann für seine »schlimmen« Taten ständig anklagt.

In solchen Situationen können Fassaden aller Art zum Beispiel nützlich sein. Denn neben der Lüge sind zwei weitere Dinge sehr unislamisch: Nämlich gegen jemanden Argwohn zu hegen oder ihm gar nachzuspionieren einerseits, und »offiziell verbotene« Dinge allzu öffentlich (!) zu tun andererseits. Es gibt ja im Islam viele Ge- und Verbote. Aber ob man diese befolgt oder nicht befolgt und *wie* man sie befolgt, ist Privatsache, solange man sein Verhalten auch im Privaten belässt. Es ist sehr wichtig, das zu verstehen: Es ist sogar möglich, sich im Privaten ein gute Flasche Wein zu gönnen – es ist halt eine private Entscheidung, ob man das Verbot des Alkoholgenusses einhalten will oder nicht. Öffentlich Alkohol zu trinken kann in manchen »islamischen Ländern« allerdings ziemlich unschöne Folgen haben, denn möglicherweise verführt man durch sein schlechtes Vorbild andere zum Trinken, die damit nicht so gut umgehen können wie man selbst. Es ist diese Unterscheidung zwischen öffentlichem und privatem Raum, die es im Islam möglich macht, einerseits eine Religion der Individualisten zu sein und andererseits so viel Wert auf ein geregeltes Miteinander in der Gemeinschaft zu legen.

Darum gibt es in »islamischen Ländern« auch so viele Schleier und dicke Mauern, damit jeder in Ruhe so sein, leben oder aussehen kann, wie er will. Hinter den Mauern oder unter den Schleiern steckt oft – das erwähnte ich ja bereits – etwas völlig anderes als erwartet. Kommt zum Beispiel so ein schwarzer Stoffberg die Straße entlang und man assoziiert unwillkürlich »Unterdrückte Analphabetin!« oder »Terroristin!« – dann ist das vielleicht eine hochgebildete, dreimal geschiedene Emanze, die ihre ganz eigene, islamische Definition von Emanzipiertheit hat. Ehrlich! Es gibt solche. Eine davon ist eine gute Freundin von mir. Es gibt komplett verschleierte Frauen, die gar nicht finden, dass der Schleier sie zum Sexualobjekt erniedrigt, das sich wegen männlicher Besitzansprüche verhüllen muss. Sondern eher, dass sie einfach am längeren Hebel sitzen, wenn sie von sich nichts preisgeben. Eine Bekannte von mir, die jahrelang einen Gesichtsschleier trug, fühlt sich damit gewissermaßen im Vorteil: »Ich sehe die anderen, aber die sehen mich nicht!«

Daneben gibt es die ganz realen Fassaden, in Form von hässlichen Mauern. Solche, an die kleine Jungs oder auch kleine Mädchen eines bestimmten Kalibers »Ahmed ist ein Schweinefresser« dranschreiben und von denen die Farbe abblättert. Mit Müllhäufchen davor. Wenn Sie aber durchs Tor gehen, ist da vielleicht ein zauberhaftes stilles Innenhöfchen mit einem Springbrunnen in der Mitte und einem Orangenbaum, in dem tschilpende Spatzen sitzen. Und so eine Mauer kann natürlich auch umgekehrt nach außen hin gepflegt sein und eine ärmliche Baracke vor den Blicken der lästernden Nachbarn schützen. Auch ein Schleier kann Schönheit ebenso wie körperliche Unzulänglichkeiten verbergen. Meistens aber verbirgt er weder das eine noch das andere. Stattdessen will er schlicht besagen, dass die Trägerin bitte schön überhaupt nicht nach der äußeren Erscheinung, sondern nach Intelligenz und Charakter bewertet werden möchte. Manchmal dient der Schleier armen Frauen auch dazu, ihre abgetragenen Kleider zu verstecken, für die sie sich schämen. Bettlerinnen, auch Prostituierte, verschleiern sich oft gleich das ganze Gesicht und ersparen sich damit unnötige Demütigungen. Tja – da stellt sich die Frage: Ist das »Heuchelei«? Das habe ich für mich selbst immer noch nicht so hundertprozentig beantwortet. Gebietet die »Aufrichtigkeit«, dass ich alles, was ich habe, denke und tue, allen zeige und herausposaune? Obwohl ich mir vielleicht selbst damit schade? Und obwohl die anderen das vielleicht gar nicht wissen wollen und ganz anders sehen – und damit auch ganz gut leben? Zum Beispiel ist der Nachbar vielleicht ein bisschen neidisch, weil er nicht so einen schönen Innenhof hat – also, warum sollte er meinen täglich sehen müssen? Falls meiner aber grottenhässlich ist – habe ich nicht das Recht, ihn einfach durch eine Mauer vor den Blicken etwaiger Lästermäuler zu schützen? Vielleicht gefällt er mir ja auch genau so, wie er ist! Dasselbe gilt für den eigenen Körper. Unter anderem dem lästigen sozialen Druck, erstens ästhetischen Ansprüchen zu genügen, und zweitens genau der Norm zu entsprechen, kann man mit Hilfe von Schleiern und Fassaden entgehen. Nach außen hin sieht dann alles total uniform und gleichgeschaltet aus – aber der Eindruck täuscht oft. Dahinter ist unter Umständen mehr Vielfalt als anderswo, wo es keine Schleier und Mauern gibt, alle dieselbe botoxdesignte Lippenform haben und jeden Sonntagmorgen in ihren Vorgärten den Rasen mit der Nagelschere schneiden …

Fassaden aller Art haben also im Islam schon eine gewisse Tradition. Hinter die Fassaden zu gucken ist aber nicht in jedem Fall unislamisch. Schon gar nicht im übertragenden Sinn und hinter die *eigene*. Bei sich selber anfangen ist immer eine gute Idee. Unislamisch ist nur, mit gewissen heiklen Dingen hausieren zu gehen und ungebeten hinter fremde Fassaden zu gucken – oder diese sogar einzureißen. Sprich: die Geheimnisse anderer bloßzulegen. Zumal, wenn diese Geheimnisse keinen etwas angehen und keinem anderen schaden. Wenn jemand sich also bemüht, irgendwas zu verbergen, dann muss ich das respektieren, sofern es sonst niemanden etwas angeht. Wenn ich aber merke, dass da bei dem wirklich einiges im Argen ist, dann kann ich hingehen und ihn vorsichtig darauf hinweisen oder ihm Hilfe anbieten. Zum Beispiel, indem ich für ihn bete oder ihm helfe, seinen hässlichen Innenhof zu renovieren. Buchstäblich oder im übertragenden Sinne. Aber ich darf nicht ungebeten über seine Mauer klettern, und ich darf ihn erst recht nicht öffentlich verpetzen und bloßstellen. Zum Beispiel Hässliche-Innenhof-Fotos bei Facebook reinstellen. So was in der Art geht gar nicht. Allah liebt nicht »öffentliche Rede über das Unziemliche, außer wenn einem Unrecht geschieht« (4:149). Wobei leider der letzte Teil dieses Verses gerne übersehen wird. Das führt zuweilen dazu, dass Misshandlungsopfer, die zum Beispiel eine Vergewaltigung zur Anzeige bringen, selbst bestraft werden. Und zwar für die Schamlosigkeit und den unerhörten Tabubruch, über so etwas überhaupt laut zu sprechen. Das hat aber erstens, wie Sie dem Vers entnehmen können, keine religiöse Grundlage, und zweitens ist das ein nicht nur im islamischen Kulturkreis weit verbreitetes Phänomen. So was kommt in den besten Familien vor. Auch bei uns. »Victim-Blaming« nennt sich das.

Also noch mal: Spionieren und fremde Fassaden einreißen ist unislamisch, und eben auch Argwohn. Zum Beispiel wurde der Prophet Mohammed ziemlich böse, wenn jemand zu ihm kam, um irgendetwas zu petzen – vielleicht auch noch ohne ganz konkrete Belege und ohne dass der Petzer selbst irgendwie geschädigt worden wäre. Noch wütender wurde er, wenn der andere nur deshalb etwas zu verpetzen hatte, weil er hinter irgendwelche fremden Fassaden geguckt hatte, mit denen er nicht das Geringste zu schaffen hatte. Tatsächlich hat der Mensch im Islam nämlich sehr viel Entscheidungsfreiheit und individuelle Verantwortung – ob und wie man dies oder jenes befolgt, ist eine Sache zwischen dem Menschen und Gott. Der Prophet liebte es darum auch gar nicht, wenn jemand wie ein kleines, schuldbewusstes Kind zu ihm kam und irgendwas beichtete. Also, nicht mal, wenn's die *eigenen* Sünden waren. Wozu? Schließlich gibt es im Islam keinen Ablass und keine Beichte. Seiner Sünden entledigt man sich, indem man sie bereut. Und zwar selbst, aufrichtig und vor Gott – aus, fertig. Tut man das, so lösen sie sich nicht nur in Luft auf, sondern man kommt Gott dadurch auch ein Stück näher. So wird eine ursprünglich schlechte Handlung zu etwas Gutem. Gar nicht so schwer zu verstehen. Der Prophet stellte sich daher, wenn jemand stattdessen bei ihm beichten wollte, meist taub. Wenn der andere sein Sprüchlein dann mehrmals wiederholte, fragte der Prophet ihn zum Schluss noch, ob er vielleicht verrückt sei. Wenn er auch das verneinte, dann bestrafte er ihn oder legte ihm irgendeine Buße auf. Oder auch nicht … Siehe Hadith.

Koran zum Thema »Lügen, Heucheln, Argwohn und Nachspionieren«:

»Oh, die ihr glaubt! fürchtet Allah, und redet das rechte Wort (»recht« im Sinne von »richtig und wahr, ohne Krümme oder Hehl«, Anm.).« (33:71)

»(…) und vermenget nicht Wahr mit Falsch noch verhehlet die Wahrheit wissentlich.« (2:43)

»Oh, die ihr glaubt! Vermeidet häufigen Argwohn, denn mancher Argwohn ist Sünde! Und belauert nicht, und führt nicht üble Nachrede übereinander.« (49:13)

»Wenn die Heuchler und die, in deren Herzen Krankheit ist, und die, welche Gerüchte in der Stadt ausstreuen, nicht ablassen, so werden Wir dich sicherlich gegen sie antreiben; dann werden sie nicht als deine Nachbarn darin weilen, es sei denn für kurze Zeit.« (33:61)

Hadithe zum Thema »Lügen«:

Der ist kein Lügner, der Frieden unter den Menschen schafft und Gutes erlangen will, wobei er etwas Gutes sagt, in dessen Unwahrheit Gutes steckt. (Bukhari und Muslim)

Der Prophet sagte: »Soll ich euch die größten aller Sünden nennen? Allah etwas gleichzustellen, die Eltern schlecht zu behandeln, lügen und ein falsches Zeugnis ablegen!« Er wiederholte Letzteres so oft, dass wir hofften, dass er doch bald aufhören möge. (Bukhari)

Hadith zum Thema »Doppelzüngigkeit«:
Abu Hurairah berichtete, dass der Prophet sagte: »Du wirst finden, dass am Tag des Jüngsten Gerichts zu den schlimmsten Menschen derjenige gehört, der zwei Gesichter hat, und zu diesem mit dem einen, und zu jenem mit einem anderen Gesicht kommt!« (Bukhari, Muslim, Abu Dawud, Tirmidhi)

Hadith zum Thema »Sünden ›beichten‹ oder ›ausposaunen‹«:
Der Prophet sagte: »Jeder in meiner Umma darf mit der Vergebung seiner Sünden rechnen, mit Ausnahme derjenigen, die ihre Sünden kundtun. Zum Kundtun gehört, dass der Mensch eine Tat in der Nacht begeht und beim Anbruch des Morgens – wo ihm Allah Verborgenheit gewährt hat – sagt: ›Du, Soundso, ich habe gestern Abend Soundso gemacht!‹ Er verbrachte doch die Nacht in der Verborgenheit, die ihm sein Herr gewährt hat und steht auf, indem er den Schutzschleier Allahs abwirft.« (Bukhari)

Abu Hurairah berichtete: »Ein Mann kam zum Gesandten Gottes und sagte: ›Ich bin ruiniert, O Gesandter Gottes!‹ ›Was hat dich ruiniert?‹, fragte der Prophet. Der Mann antwortete: ›Ich habe während des Fastens mit meiner Frau geschlafen!‹ Der Prophet fragte ihn: ›Bist du in der

Lage, als Sühne einen Sklaven freizulassen?‹, fragte der Gesandte Gottes. ›Nein!‹ erwiderte der Mann. ›Aber vielleicht kannst du 60 Arme speisen?‹ ›Nein!‹, entgegnete der Mann wieder. Der Prophet schwieg. Plötzlich brachte jemand einen Korb voll Datteln. ›Dann nimm diese Datteln und spende sie den Armen!‹, sagte der Prophet schließlich. ›Ärmeren als uns??‹, fragte der Mann. ›Bei Allah, es gibt in der Umgebung von Medina keinen Haushalt, der ärmer wäre als wir selbst!‹ Da lachte der Prophet, bis seine Backenzähne sichtbar wurden und sagte: ›Dann geh, und bring sie deiner Familie!‹« (Bukhari und Muslim)

Koran zum Thema »schlechte in gute Taten umwandeln«:

»Die Diener des Gnadenreichen sind diejenigen, die in würdiger Weise auf Erden wandeln, und wenn die Unwissenden sie anreden, sprechen sie: ›Frieden‹ (...) und die keinen anderen anrufen neben Allah, noch das Leben töten, das Allah unverletzlich gemacht hat, außer nach dem Recht, noch Ehebruch begehen – und wer das tut, der soll Strafe erleiden. Verdoppelt soll ihm die Strafe werden am Tage der Auferstehung, und er soll darin bleiben in Schmach, außer jenen, die bereuen und glauben und gute Werke tun, denn deren böse Taten wird Allah in gute verwandeln; Allah ist ja allverzeihend, barmherzig.« (25:64 ff)

Hadith zum Thema »schlechte in gute Taten verwandeln«:

Hazrat Abu Dharr berichtete, dass der Prophet Mohammed Folgendes erzählte: »Ich kenne die Person, die als letzte das Paradies betritt und die Hölle verlässt! Es ist ein Mann, der am Tag des Jüngsten Gerichts gerufen werden wird. Es wird gesagt werden: ›Legt ihm zunächst seine geringeren Sünden vor, aber nicht die großen!‹ Seine kleineren Sünden werden ihm vorgelegt werden, und es wird gesagt werden: ›An dem und dem Tag tatest du dies und jenes, und an einem anderen Tag das und das!‹ Er wird sagen: ›Stimmt!‹, denn er wird es nicht leugnen können. Während der Mann langsam Angst bekommt, dass nun ja noch die größeren Sünden bevorstehen, wird gesagt werden: ›Jede dieser schlechten Taten wird in eine gute verwandelt werden!‹ Der Mann, jetzt mutig geworden, wird zu Gott sagen: ›Mein Herr – ich habe aber noch andere kleinere Sünden begangen, die hier gar nicht aufgeführt sind ...!‹« »Wahrhaftig«, sagte Abu Dharr, »ich sah daraufhin den Propheten lachen, bis seine Zähne entblößt waren!« (Hadithsammlung Muslim)

Islam – die Ökoreligion

Für unsere Picknicks sind wir berüchtigt, wir Muslime.

Kann man wohl sagen! Danach bleiben ja immer bergeweise Plastikgeschirr und Hammelknochen zurück!

Mit der Umwelt haben wir's nämlich nicht so. Einer unserer Ägyptenurlaube wurde unseren Kindern unter anderem durch die Müllberge verleidet. Das Schlimmste aber waren eigentlich die Mücken, die in einem Mülltümpel nahe unserem Hotel ihr Leben in vollen Zügen genossen und sich nächtens unbehelligt am Blut schlafender Touristenkinder gütlich taten. Den Mücken geht's also gut, in Ägypten. Anderen Tieren und der Umwelt im Allgemeinen eher nicht so. Selbst in dem, was man dort als Grünanlagen betrachtet, türmen sich Abfallberge, über die die Einheimischen, wie komischerweise auch ich, wohl schlicht hinwegsehen. Nicht hinwegsehen kann ich aber über das Leid von Tieren: räudige, ausgemergelte Straßenköter und wundgescheuerte, apathische Esel und vor allem die ungezählten, schmutzigen Kätzchen, die in Müllcontainern (ja, die gibt's auch!) herumturnen – so etwas schmerzt mich tief im Innersten.
Allerdings sind nicht alle Muslime heute Tierquäler und Umweltsäue. Es gibt rühmliche Ausnahmen, wenn auch wenige. Tatsächlich wird auch weder das Anhäufen von Müllbergen noch die Versalzung des Bodens durch künstliche Bewässerung (wie im ägyptischen Nildelta) zwingend vom Koran vorgeschrieben. Außerdem findet sich dieses Phänomen auch

anderswo, zum Beispiel in China. Und ja – auch bei uns Europäern gibt es Dreck, wenn auch in gehobener Ausführung. Sozusagen zivilisierter Dreck, auch Wohlstandsmüll genannt. Es ist aber nicht immer leicht, Ausländern den feinen Unterschied klarzumachen. Meine türkischen Schülerinnen trafen mich in den Restbeständen meines Nationalstolzes, als sie darauf hinwiesen, dass es inzwischen in jedem anatolischen Dorf sauberer sei als im Umkreis ihrer in einem sozialen Brennpunkt gelegenen Unterrichtsstätte.

Natürlich ist es auch in Ägypten nicht überall dreckig, von den Prachtstraßen der reichen Ölstaaten mal ganz abgesehen. Die sind genauso makellos sauber wie die blütenweißen Dschalabiyas der Männer – so heißen diese Nachthemden, die man da trägt. Wenn Clementine noch lebte – das ist diese Ariel-Profi-Hausfrau aus den Siebzigern, falls Sie die nicht mehr kennen –, würde sie vor Neid erblassen. So sauber sind diese Dschalabiyas. Und das ist dadurch zu erklären, dass der Besitzer eines Kraftwagens in den Golfstaaten zum Beispiel den Ölstand nie selber misst. Das macht der pakistanische Chauffeur. So wie auch die Windeln des Nachwuchses vom äthiopischen Hausmädchen gewechselt werden, deshalb sehen sogar Mütter in Dubai aus wie aus dem Ei gepellt. Tatsächlich dürfen Muslime sauber sein! Vorausgesetzt, sie verschmutzen nicht durch übermäßigen Ariel-Verbrauch das Grundwasser, das wäre unislamisch. Einem Ausspruch des Propheten zufolge – übrigens auch ein begeisterter Zähneputzer! – ist Sauberkeit gar »die Hälfte des Glaubens« (Bukhari).

Man darf sich als Muslim also durchaus rein halten, und tatsächlich ist es auch nicht verboten, dasselbe mit der Umwelt zu tun. Mehr noch: Man muss es sogar (tut es aber nicht). Und was den Umgang mit Tieren angeht, so möchte ich behaupten,

dass dies einer der Bereiche ist, in dem die größte Diskrepanz zwischen islamischer Lehre und der tatsächlichen Praxis besteht. Der Widerspruch ist geradezu haarsträubend!
Es ist so: Im Islam gibt es keine Erbsünde und demzufolge auch nicht die Idee der Erlösungsbedürftigkeit des Menschen. Vielmehr hält der Islam, wie auch das Judentum, fest, dass die Seele des Menschen von Natur aus rein ist, weshalb auch jedes Kind als »Muslim«, also »gottergeben« geboren wird. Auch die ganze Natur gilt im Islam als rein, quasi heilig, und der Mensch ist (sofern er sich nicht willentlich selbst daraus entfernt) Teil der Natur. Wussten Sie, dass es im Frühislam zum Beispiel schon Naturschutzgebiete gab, arabisch »Hima«, was so viel wie »beschützter Ort« bedeutet? Der Prophet Mohammed erkannte den ökologischen Wert der Wadis und der Berghänge in der Umgebung von Medina und erklärte sie zu Himas. Diese Regionen durften zwar betreten und genutzt werden, mussten aber achtsam behandelt werden. So durfte man dort nicht jagen oder Bäume fällen.
Manchmal denke ich: Wenn Muslime noch eine Chance haben, das Image ihrer Religion wieder aufzumöbeln, dann mit diesem Aspekt der islamischen Lehre! Gerade in Deutschland! Wir sind ja Vorreiter in Sachen Naturschutz und bekannt für unsere Tierliebe. Im Islam haben Tiere in der Tradition eine ehrenvolle Stellung. Tiere befinden sich im Zustand des »Islam«, der friedvollen Hingabe. Der Prophet Mohammed liebte Tiere nicht nur, sondern nahm auch ihr Verhalten ernst und sagte, dass sie eine feine Antenne für Transzendenz hätten. Zum Beispiel errichtete er die erste Moschee in Medina an der Stelle, wo sein Kamel von sich aus stehengeblieben war.
Die Natur ist nichts Minderwertiges, »Schmutziges«, und Tiere – ebenso wie Kinder – können nicht »sündigen«, also sich

bewusst von Gott bzw. dem Zustand des inneren Friedens entfernen. Im Gegenteil – es heißt im Koran, jedes dieser Wesen befinde sich, auf seine ganz eigene Weise, im Zustand der Anbetung Gottes. Vogelgesang ist Gebet! Das ist keineswegs eine neumodische, pantheistische Islamauslegung, sondern im Koran nachzulesen – in Sure 24, Vers 42: »Hast du nicht gesehen, dass es Allah ist, Den alle lobpreisen, die in den Himmeln und auf Erden sind, und die Vögel auch, mit ausgebreiteten Schwingen? Jedes kennt seine eigene (Weise von) Gebet und Lobpreisung.« An einer Stelle des Korans (16: 69) heißt es, Gott habe der Biene »offenbart«, sich Häuser zu bauen. Das hier verwendete Verb ist dasselbe, das in Bezug auf die Propheten benutzt wird.

Gott manifestiert sich in der Schöpfung, deshalb gebührt der Schöpfung der größte Respekt. Vielleicht wissen Sie, mit welcher großen Ehrfurcht gläubige Muslime ihr heiliges Buch, den Koran, behandeln, der ja als wortwörtliche Offenbarung betrachtet wird. Sie wickeln ihn in saubere Tücher ein, legen ihn nie auf den Boden, küssen ihn und berühren ihn erst, wenn sie sich die Hände gewaschen haben. Der Koran hat für Muslime einen ganz anderen Stellenwert als eine Bibel für Christen. Die Bedeutung des Koran für Muslime ist eher vergleichbar mit der Stellung Jesu im Christentum: Beide gelten als »Wort Gottes«. Die Verse im Koran werden als »Ayat«, das heißt »Zeichen Gottes«, bezeichnet. Wenn man zitiert, sagt man nicht: »Sure XY, Vers 3«, sondern »Ayat 3«. Jeder Vers gilt als eine buchstäbliche Offenbarung Gottes. Dasselbe Wort – Ayat – verwendet der Koran auch, wenn er von Naturphänomenen spricht. Daran können Sie ermessen, welche Ehrfurcht der Natur und sämtlichen Wesen und Phänomenen der Schöpfung gebührt. Dieselbe wie den heiligen Koranversen nämlich. Es gibt im Koran zahllose Gleichnisse, in denen von Naturphänomenen die Rede ist und die auf die Wunder der Schöpfung, die die Muslime nicht nur achten, sondern auch studieren sollen, verweisen. Die Schöpfung gilt als ein von Gott anvertrautes Gut, dass es, wie alles Geliehene, sehr pfleglich zu behandeln gilt.

Was den Propheten Mohammed angeht, so war er für seine Tierliebe bekannt. Es gibt zahllose Überlieferungen, die davon sprechen. Heute erscheint uns der Respekt vor Tieren als Mitgeschöpfen vielfach selbstverständlich, aber zum Beispiel der Aufklärer Descartes war noch der Meinung, der Schrei eines Tieres habe ungefähr so viel Bedeutung wie das Quietschen eines Wagenrades – nämlich keine. Anders Mohammed. Hadithe stellen ihn als Katzenliebhaber vor. Sein eigenes Kätzchen wurde »Muezza« genannt und es heißt, der Prophet habe einmal den Ärmel seines Umhangs abgeschnitten, um den Schlaf von »Muezza« nicht zu stören. Einige Prophetengefährten teilten seine Liebe zu diesen Tieren. Einer der wichtigsten Überlieferer von Hadithen ist Abu Hurairah, was »Kätzchen-Vater« bedeutet.

Muslime durften keine wilden Tiere, etwa Zebras, jagen und auch ihr Fleisch nicht essen. Erlaubt ist nur das Töten gefährlicher Tiere, etwa tollwütiger Hunde, und natürlich von Schlachttieren. Allerdings wurde Fleisch damals nur höchst selten gegessen. Und der Prophet gab Anweisungen, auch Schlachttiere immer gut zu behandeln, sie zu füttern, sie zu beruhigen und grundsätzlich so schnell und schmerzlos wie möglich zu töten. Dabei darf ein Tier nicht gefesselt sein, und kein Tier soll zuschauen müssen, wie ein anderes Tier getötet wird. Als einer seiner Anhänger sein Messer vor den Augen eines Schlachttieres wetzte, sagte der Prophet Mohammed vorwurfsvoll: »Willst du das Tier zweimal töten? (sprich: durch den Anblick quälen, Anm.)« Es gibt viele Rechtsgelehrte, die aus diesen Geboten schließen, dass eine Betäubung vor der Schlachtung keineswegs gegen die islamischen Regeln verstößt – im Gegenteil. Streng genommen ist das Fleisch aus Fließbandschlachtungen, das wir heute essen, aus islamischer Sicht verboten (haram), und zwar nicht nur, weil die Tiere nicht geschächtet werden, sondern viel mehr wegen der Qualen, denen sie *zuvor* ausgesetzt sind. Einige Muslime essen deshalb zunehmend »bio und halal«. Es gibt sogar eine Zeitschrift mit diesem Namen. Der bekannte islamische Theologe Tarik Ramadan schrieb vor kurzem, es sei möglicherweise islamischer, normal geschlachtete Tiere aus artgerechter Haltung, also Bio-Fleisch zu essen, als »halal« geschlachtete aus konventioneller Massentierhaltung.

Einem Hadith aus der Sammlung Muslim zufolge berichtete Hazrat Aisha, das sie einmal ihr Kamel unsanft wendete. Der Prophet wies sie daraufhin an, freundlicher mit ihm umzugehen. Überhaupt schien er sich regelmäßig mit Tieren zu »unterhalten«. Einmal wurde er selbst von Gott gerügt, sein Pferd etwas grob behandelt zu haben. Deshalb entschuldigte er sich bei diesem und wischte ihm das Gesicht mit seinem Ärmel ab. Einer anderen Überlieferung zufolge »beschwerte« sich einmal ein Kamel bei ihm über die schlechte Behandlung durch seinen Besitzer. Daraufhin legte der Prophet bei diesem ein gutes Wort für das Tier ein. Er wies seine Anhänger auch an, nicht unnötig während längerer Unterhaltungen auf ihren Kamelen zu sitzen, sondern entweder zu reiten oder abzusteigen. Anas, einer der Gefährten des Propheten, berichtete, dass der Gesandte angeordnet habe, nach einem Ritt zuallererst die Tiere abzusatteln und zu tränken. Und zwar noch vor Verrichtung des Gebets, selbst, wenn die Zeit dafür gekommen war. Gemäß einem anderen Hadith zog in der Nähe des Schlachtfeldes während einer der zahlreichen Kämpfe mit den Mekkanern, die die nach Medina ausgewanderten Muslime verfolgten und bekämpften, eine Hündin ihre Jungen auf. Als der Prophet Mohammed einen Angriff plante, schickte er einige Männer vor, die Sorge tragen sollten, dass den Welpen und der Mutter während der Schlacht nichts geschähe. Eine andere Überlieferung berichtet, dass der Prophet Mohammed einmal bemerkte, dass ein Vogel, dem man die Küken weggenommen hatte, aufgeregt seine Kreise am Himmel zog. Daraufhin wies er seine Anhänger an, ihm seine Küken zurückzugeben. Er verbat das Stehlen von Eiern aus Vogelnestern ebenso wie das Verbrennen von Ameisenhügeln und jegliches sinnlose Töten von Lebewesen, zum Beispiel als »Sport«. Das Fangen von Vögeln zu dem Zweck, sie im Käfig zu halten, und die Verwendung von Fellen wilder Tiere als Bettvorleger wurden ebenfalls untersagt. »Wenn Gott euch vergibt, was ihr den Tieren antut, hat er euch wirklich viel vergeben!« soll er gesagt haben, und »Alle Lebewesen auf Erden sind eine Familie. Derjenige unter euch ist der Beste, der am besten mit seinen Familienangehörigen umgeht« (Bukhari). Einer meiner absoluten Favoriten unter den Hadithen lautet: »Die größte Barmherzigkeit behält Gott demjenigen vor, der das kleinste der Geschöpfe schont!« – leider finde ich die Quelle nicht … Vielleicht können wir's trotzdem gelten lassen?! Hier eine kleine Auswahl an Zitaten.

Koran zum Thema »Natur«:

»So richte dein Antlitz auf den Glauben wie ein Aufrechter, (und folge) der Natur, die Allah geschaffen – der Natur, mit welcher Allah die Menschen erschaffen hat. Es gibt kein Ändern an Allahs Schöpfung. Das ist der beständige Glaube.« (30:31)

»In der Schöpfung der Himmel und der Erde und im Wechsel von Nacht und Tag und in den Schiffen, die das Meer befahren mit dem, was den Menschen nützt, und in dem Wasser, das Allah niedersendet vom Himmel, womit Er die Erde belebt nach ihrem Tode und darauf verstreut allerlei Getier, und im Wechsel der Winde und der Wolken, die dienen müssen zwischen Himmel und Erde, sind fürwahr Zeichen für solche, die verstehen.« (2:165)

»Kein Getier gibt es auf der Erde, keinen Vogel, der auf seinen zwei Schwingen dahinfliegt, die nicht Gemeinschaften wären wie ihr.« (6:39)

Hadithe zum Thema »Tiere/Schöpfung«:

Ein Mann verspürte, als er des Weges zog, großen Durst. Beim Erreichen eines Brunnens stieg er in diesen hinab, trank Wasser zur Genüge und stieg wieder hinauf. Da sah er einen Hund mit hängender Zunge, der vor lauter Durst Schlamm aufleckte. Der Mann sagte zu sich, dass der Hund den gleichen Durst verspüren müsse, den er selbst wenig zuvor gehabt hatte. So stieg er nochmals in den Brunnen hinab, füllte seinen Lederstrumpf mit Wasser, stieg wieder hinauf – wobei er den Strumpf mit seinen Zähnen festhielt – und gab dem Hund zu trinken.

Allah schätzte die Tat dieses Mannes und vergab ihm seine Sünden. Der Prophet wurde gefragt: »Oh Gesandter Allahs, werden wir auch für Freundlichkeit gegenüber Tieren belohnt?« Er antwortete: »Es gibt Belohnung für Freundlichkeit gegenüber jedem Lebewesen.« (Bukhari und Muslim)

Abdullah Ibn Abbas berichtete, dass der Prophet es verbat, Tiere zwecks Kämpfen aufeinanderzuhetzen. (Bukhari, Muslim, Abu Dawud)

Abu Malik berichtete, dass der Prophet die Verwendung des Felles von wilden Tieren als Bettvorleger (an anderer Stelle: als Sattel, Anm.) verbat. (Abu Dawud, Tirmidhi)

Abdallah bin Amru berichtete, dass der Prophet sagte: »Wer immer gut zu den Geschöpfen Allahs ist, ist gut zu sich selbst.« (Bukhari und Muslim)

Abu Ayub berichtete, dass der Gesandte Allahs sagte: »Wenn einer ein Bäumchen pflanzt, schreibt ihm Allah soviel Lohn auf, wie das Bäumchen Früchte trägt.« (Ibn Hanbal, ähnlich bei Muslim)

Jabir Ibn Abdallah berichtete, dass der Prophet die Umgebung der Berge bei Medina zu Schutzgebieten ernannte, indem er sagte: »Wahrlich, Abraham ernannte Mekka zu einem geschützten Ort und ich erkläre die Umgebung von Medina zu einem geschützten Ort. Dort sollen keine Bäume gefällt und kein Wild gejagt werden.« (Muslim)

Warum ich Recht habe und der Rest der Welt Unrecht

Ist also alles gar nicht so. Gott ist im Islam nicht nur sehr nett, sondern nicht mal männlich. Der Prophet Mohammed war ein stiller Typ der Kategorie Frauenversteher, Kinder- und Tierfreund. Statt, wie man denken möchte, ständig mit Leichenbittermiene und gezücktem Schwert einherzuschreiten und Würde und Stärke zu demonstrieren, lächelte er immer, redete mit Pferden, machte Abwasch und trug kleine Kinder durch die Gegend. Extremismus ist das Gegenteil vom Islam – dem »Weg der Mitte«. Rund ein Achtel des Korans fordert zum Naturstudieren, Meditieren und eigenem Denken auf.

Wie präsentiert sich der Islam aber heutzutage? – Als eine einzige Katastrophe und das perfekte Hassobjekt! Zum Teil durch eifriges Zutun islamischer Fanatiker, zum anderen Teil durch Medien, die gezielt ein Feindbild schüren. Es gibt mehrere wissenschaftliche Untersuchungen über die verzerrende Darstellung des Islam und der Muslime in den Medien, unter anderem von der Soziologin Irmgard Pinn (»Europhantasien«) und Dr. Sabine Schiffer (z.B. »Die Darstellung des Islams in der Presse«). Muslime dürfen das immer wieder am eigenen Leib erfahren, etwa wenn Aussagen verdreht oder Leserbriefe und Interviews um entscheidende Passagen gekürzt werden. Kürzlich wurde eine gebildete und emanzipierte Bekannte von mir, Muslima und Diplompublizistin, von einem öffentlich-rechtlichen Sender zu einer Talkshow erst ein- und dann wieder ausgeladen. Letzteres zugunsten eines dieser radikalen Prediger in Wallegewändern, die die

Zuschauer nicht unnötig mit Details und Schachtelsätzen langweilen.
Wie wäre nun der Islam, wenn man ihn einmal auf Links ziehen würde? Aufgeschlossen, unfanatisch, lebendig, überzeugend, voller Mystik und eine ernst zu nehmende Lebensalternative. Da treffen buchstäblich Welten aufeinander! Was stimmt nun? Als Muslima, die natürlich glaubt, dass die Propheten sich ihre Lehren nicht einfach nach Gutdünken aus den Rippen geschnitzt haben, sondern auf höhere Weisung hin, plädiere ich dafür, sich auch hier an die Ursprünge zu halten. Es ist so, dass ich noch ein letztes Ass, ein echtes Totschlagargument für meine Behauptungen habe. Der Prophet Mohammed hat nämlich in unzähligen Überlieferungen vorhergesagt, dass Weisheit und Wissen binnen kurzer Zeit verloren gehen und die islamischen Lehren komplett verdreht werden würden. *Komplett*, sagte ich!
Da heißt es zum Beispiel, die islamischen Gelehrten würden den Islam bald nicht mehr in seinem ursprünglichen Sinn begreifen. Gier, Dummheit und Unmoral würden sich verbreiten und ein seltsamer »islamischer Antichrist« namens »Dadschal« würde erscheinen – ein unsympathisches einäugiges Monster, auf dessen Stirn »Ungläubiger« geschrieben stünde. Eine, wie ich finde, leicht zu entschlüsselnde Metapher für den materialistischen, auf dem spirituellen (Yin-)Auge ganz offensichtlich blinden Zeitgeist. Vermeintlich Gelehrte würden pharisäerhaft auftreten, im Namen des Islam Krieg und Unfrieden verbreiten und ihn zu egoistischen Zwecken verdrehen und missbrauchen. Einem hoch interessanten Hadith zufolge sagte der Prophet Mohammed auch: »Die Zerstörung des Islam wird von jungen Männern aus dem Volk der Quraish ausgehen« (Die »Quraish« sind ein Stamm aus der Gegend des

heutigen Saudi Arabiens, dem er selbst angehörte!). Fünfzehn der neunzehn Selbstmordattentäter des 11. September waren nicht nur jung, sondern stammten obendrein aus Saudi Arabien. Dort ist die Heimat der rigidesten und gewaltbereitesten aller islamischen Strömungen – des Wahhabismus, der im achtzehnten Jahrhundert entstand und jetzt mit Hilfe vieler Petrodollars weltweit verbreitet wird.
Aufschlussreich finde ich auch eine Überlieferung, die sich auf das Thema »Stellung der Frau im Islam« bezieht – denn da liegt ja, vorsichtig formuliert, so einiges im Argen. Dass der Prophet dies vorhergesehen hat und dass es nicht in seinem Sinne war, lässt sich an diesem Hadith ablesen. Und zwar kam dem Propheten zu Ohren, dass ein Mann sich von seiner Frau sofort scheiden lassen wollte, indem er am selben Tag dreimal hintereinander seine Scheidungsabsicht kundtat, anstatt im Abstand von mehreren Monaten, wie vorgeschrieben. Der Prophet soll wütend gesagt haben: »Beginnt Ihr also schon zu meinen Lebzeiten, mit der Lehre des Islams zu spielen!« Übrigens: Eine Frau kann sich *sofort* von ihrem Mann scheiden lassen, der Mann erst nach der erwähnten Wartefrist! Jedenfalls dann, wenn sie ihm das bei der Eheschließung von ihrem erhaltene Geld, die »Mahr«, zurückgibt. (Die »Mahr« steht der Braut übrigens zur freien Verfügung und wird *vor* der Hochzeitsnacht gezahlt, nicht hinterher, wie die abendländische »Morgengabe«, die eine Belohnung für den Verlust der Jungfräulichkeit ist.)
Der »wahre Islam« würde also, gemäß sehr vielen Prophezeiungen, schon bald nach dem Tod des Propheten zugrunde gehen (und irgendwann wieder zum Leben erweckt werden). Ist dann also tatsächlich gar nicht so wahnsinnig »islamisch«, was wir da so sehen, im Fernsehen und auch im tatsächlichen Ver-

halten der heutigen Muslime?! Das ist mehr als wahrscheinlich!
Viele Christen sind ja auch davon überzeugt, dass zu Zeiten Jesu alles noch ganz anders war: Es gab noch keine Institution Kirche. Es gab noch keine Kreuzzüge im Namen des Christentums; vielmehr waren es die Christen, die verfolgt wurden. Es gab noch keine Frauenunterdrückung und keinen korrupten Klerus. Es gab Inspiration und ein friedliches Miteinander. Es gab keinen Dogmatismus, statt dessen Spiritualität in Form von wahren Träumen, Eingebungen und geistiger Offenheit. – Ist es unwahrscheinlich, dass es im Islam ähnlich ablief? Nicht, wenn unser Gott derselbe ist!

Hadithe zum Thema »Niedergang des Islam«:
»Die Zerstörung des Islam wird von jungen Männern aus dem Volk der Quraish ausgehen.« (Bukhari)

»Allah wird das Wissen nicht auf einmal und plötzlich hinwegnehmen. Was wirklich passieren wird, ist, dass dann, wenn ein Gelehrter stirbt, es keinen geben wird, der ihn ersetzt. Die Menschen werden unwissende Leute zu ihren Führern wählen und sie um die Lösung ihrer Probleme angehen. Jene werden sie leiten, ohne selbst (den Islam?, Anm.) zu kennen. Somit werden die Führer fehlgeleitet sein, und sie werden die Menschen irreleiten.« (Bukhari)

»Sayiddina Mahmud Ibn Labid berichtete, dass der Gesandte Allahs einmal von einem Mann hörte, der sich von seiner Frau scheiden ließ, indem er dreimal hintereinander die Scheidungsformel aussprach. Daraufhin erhob sich der Prophet sehr verärgert und sagte: ›Wird das Buch Gottes also schon als ein Spielzeug benutzt, während ich noch unter euch bin?‹« (Nasai)

Hadith zum Thema »Alles einmal umdrehen!«:

Der Gesandte sagte: »Der Dadschal ist auf dem linken Auge blind, hat dicke Haare und wird einen eigenen Paradiesgarten und auch Feuer mit sich bringen. Sein ›Feuer‹ wird aber in Wirklichkeit ein Garten sein, und sein ›Garten‹ in Wirklichkeit ein Feuer.« (Muslim)

Wie Phönix aus der Asche – eine Prognose

Kennen Sie solche Momente? Seit sechs Wochen sprechen Sie aus irgendeinem total dämlichen Grund mit ihrer besten Freundin kein Wort mehr. Ihrem Chef scheinen ganze Kompanien von Läusen über die Leber zu laufen – vielleicht nur, weil er einen Reizmagen hat oder auch Druck von oben kriegt. Aber jedenfalls lässt er seine miserable Laune komplett ungerechtfertigt an Ihnen aus. Sie wiederum piesacken dann die Lieben daheim. Draußen regnet es Bindfäden, und zwar so lange, wie Sie überhaupt zurückdenken können. Außerdem ist es windig und weder richtig kalt noch angenehm mild, vielmehr ist das Wetter einfach widerlich. Ihre gesamte Großfamilie hat Depressionen und Durchfall. Und plötzlich kommt Ihnen die Erkenntnis: Der absolute Nullpunkt ist jetzt zweifellos erreicht! Schlimmer geht's nimmer. In solchen Momenten erkennt man, glaube ich, den geborenen Optimisten. »Leute, lasst uns Weihnachten feiern! Die dunkle Zeit ist bald vorbei, denn schlimmer kann es unmöglich kommen!«, sage ich dann, obwohl ich Muslima bin. Denn auf jeden kürzesten Tag des Jahres, also den 21. Dezember, folgt ja ein 22. und anschließend ein 23. und 24., und immer so weiter. Es kann also gar nicht anders, als wieder wärmer und heller werden! Dieses Prinzip, da bin ich persönlich ganz sicher, kann man auch auf andere Bereiche übertragen – zum Beispiel aufs Spirituelle.

Jede Religion, beziehungsweise ihre Anhängerschaft, kennt diesen absoluten Nullpunkt. Selbiger dürfte spätestens dann erreicht sein, wenn besagte Angehörige einer Religion X der Ansicht sind, sie müssten zum höheren Lobe Gottes arglose und unschuldige Zivilisten sinnlos dahinmorden. Ab da kann es zweifellos nur noch bergauf gehen! Deshalb möchte ich zum Abschluss dieses Buches eine Prognose versuchen. Im Gegensatz zu dem Politikwissenschaftler Hamed Abdel-Samad, der vor einiger Zeit in seinem gleichnamigen Buch den »Untergang der islamischen Welt« vorhersagte, glaube ich, dass weder der Islam als Religion, noch die islamische Welt zum Untergang verurteilt sind. Schließlich ist Allah der »Hervorbringer des Lebendigen aus dem Toten«! Der Prophet Mohammed prophezeite nämlich nicht nur den baldigen Niedergang der von ihm nach islamischer Ansicht nicht gestifteten, sondern vielmehr *vollendeten* religiösen Lehre. Er prophezeite darüber hinaus, dass der Islam irgendwann wieder zum Leben erweckt werden würde. Es gibt sehr zahlreiche Hadithe, die dies vorhersagen. Eines von ihnen lautet: »Der Islam wurde als Fremder geboren und wird als Fremder wiederkehren.«

Das, was uns heute in Form von Gewaltbereitschaft, Intoleranz und Dogmatismus in Kombination mit moralischem Überlegenheitsgefühl von mehreren Seiten als »Islam« verkauft wird, ist – da bin ich sicher – gar nicht der Islam. Denn all dies läuft ja schon der Wortbedeutung zuwider. Der Geist des wahren Islam ist ein ganz anderer – und hält irgendwo einen ziemlich ausgedehnten Winterschlaf. Wenn dieser Geist nun wieder erwacht, wird das in vermeintlich »unislamischer«, »fremder« Umgebung geschehen. So interpretiere ich das eben erwähnte Hadith. Die Frage ist nun, wie das vonstatten gehen wird. Ich denke, zum Beispiel indem Nichtmuslime toleranten, aufgeschlossenen Muslimen, die für einen ebensolchen Islam eintreten, die Hand reichen und mit ihnen zusammenarbeiten. Aber auch umgekehrt. Eine offene Geisteshaltung auf beiden Seiten wird dabei automatisch auch zu einer gegenseitigen

Inspiration und Befruchtung führen. Wahrscheinlich wird der wahre Geist des Islam großenteils sozusagen undercover arbeiten, weil er nicht mit dem Etikett »Islam« versehen sein wird. Wozu auch? Der neu erwachte Geist des Islam wird zum Teil eine Art No-Name-Produkt sein – wie Becher, auf denen »TIP Schokocreme« steht, obwohl in Wirklichkeit echte Nutella drin ist! So wie heute keineswegs alles, das als »Islam« gehandelt wird, tatsächlich »Islam« ist, verhält es sich also auch umgekehrt. Weder der Koran noch der Prophet Mohammed haben je behauptet, ein Monopol für Weisheit, Wissen und Rechtleitung zu besitzen! Vieles, was in östlichen Philosophien und auch im christlichen Abendland gedacht, geschrieben und praktiziert wurde, steht völlig im Einklang mit den islamischen Lehren. Nichtmuslime mögen mir verzeihen, wenn ich persönlich sogar glaube: Dies alles *ist* Islam.

Nicht der Islam hat es nötig, eine »Aufklärung« zu durchlaufen, wie oft gefordert wird. Denn weder ist er wissenschaftsfeindlich, noch lehrt er, dass der Gebrauch von Gewissen und Verstand gefährlich seien. Anders verhält es sich dagegen mit dem Gros der Muslime. Die Tage sind aber zweifellos gezählt, da die Mehrheit der Muslime vor allem durch Drohungen, soziale Kontrolle und Gruppenzwang »bei der Stange gehalten« wurden. Ich glaube, über kurz oder lang gibt es nur fünf Alternativen für junge Muslime. 1.: Sie mauern sich irgendwo ein. 2.: Sie assimilieren sich unflektiert völlig und werfen selbst den letzten Rest Glauben noch mit über Bord. 3.: Sie assimilieren sich in die andere Richtung und werden Fanatiker. 4.: Sie werden verrückt. Ich kenne nicht wenige Schizophrene oder Depressive unter den Muslimen, von Neurotikern mal ganz zu schweigen. Und schließlich 5.: Sie werden kreativ, offen und entwickeln eine neue Spiritualität.

Der Soziologe Bassam Tibi hat den Begriff »Euro-Islam« geprägt. Vielen Nichtmuslimen gefällt dieser Begriff sehr. Man stellt sich darunter nur leider so einen Islam ultra-light vor. So etwas wie eine Pseudo-Zigarette aus Kaugummi, garantiert komplett tabakfrei. Also genau das Gegenteil von »TIP Schokocreme«-Bechern mit echter Nutella. Ein Islam, der nicht nur tolerant und aufgeschlossen ist, sondern der in der Praxis überhaupt nicht mehr existiert – schon gar nicht in der Öffentlichkeit. Obwohl ich glaube, dass Europäer einen großen Beitrag zum Wiedererwachen des Islam leisten werden, wäre es falsch, den »neuen Islam« als »europäisch« zu bezeichnen und zu meinen, es müsse ein Islam-Ultra-Light sein. Denn eigentlich ist der »neue Islam«, wie ich ihn verstehe, gar nicht neu, sondern nur ursprünglich – und in diesem Sinne »fundamentalistisch«. Es gibt Muslime, die mit diesem Begriff spielen und sich gezielt selbst diskriminieren, indem sie sich als »fundamentalistisch« bezeichnen, was ich nicht unlustig finde. Allerorten besinnen Muslime sich heute auf die Fundamente des Islam. Die Gretchenfrage besteht freilich darin, was man unter »Fundamenten« versteht. Die Meinungen gehen da wohl Lichtjahre auseinander. Man sollte sich deshalb an die Kernaussagen des Koran und die ursprüngliche Wortbedeutung halten. Das vorrangigste Ziel des Islam ist es also, den Menschen wieder »heil werden« und Frieden schließen zu lassen! Frieden mit sich selbst, mit Gott und der Welt. Erlangen werden wir diesen Zustand des Friedens durch »Ergebung« und »Hingabe«, indem wir lernen, die Lektionen anzunehmen, die uns das Leben (was nur ein anderes Wort für »Gott« ist) erteilt. Wenn diese Geisteshaltung, diese Basis nicht stimmt, bewirkt jede noch so vermeintlich fromme Tat nur Unheil. »Denke nicht, dein Heil zu setzen auf dein *Tun*:

Man muss es setzen auf ein *Sein*. Denn die Werke heiligen uns nicht, sondern wir müssen die Werke heiligen!« heißt es bei Meister Eckhart.

Der »neue alte Islam« wird sich vor allem durch die Rückbesinnung auf seine mystischen Aspekte auszeichnen. Weg vom blinden Gehorsam und von der Buchstabengläubigkeit hin zu Mündigkeit und persönlicher spiritueller Erfahrung – eine Entwicklung mithin, die sich auch in anderen Religionen beobachten lässt. Der schon einmal zitierte katholische Theologe Karl Rahner behauptete etwa: »Der Christ der Zukunft wird Mystiker sein, einer, der etwas erfahren hat, oder er wird *nicht* mehr sein.« Im »neuen alten Islam« werden Vielfalt und Toleranz vorherrschen, so wie es auch schon früher der Fall war. Für diese Entwicklung gibt es sowohl in den USA als auch in Europa und den so genannten islamischen Ländern längst Anzeichen. Es gibt seit langem etwa muslimische Theologinnen, die den Koran selbständig und aus der Perspektive von Frauen interpretieren, wie zum Beispiel Amina Wadood in den USA. Es gibt unter Jugendlichen äußerst populäre Prediger, die ihre Anhänger lehren, sich in westliche Gesellschaften zu integrieren und sich sozial zu engagieren, wie etwa den Ägypter Amr Khaled. Und es gibt zunehmend kreative Kräfte, die auch in Europa originelle »islamkompatible« Mode designen (z.B. www.style-islam.de) oder als bekennende Muslime mit ihrer Musik Brücken zwischen den Kulturen zu schlagen versuchen, wie Yussuf Islam, ehemals Cat Stevens, oder der Rapper Ammar114. Es gibt sogar eine sehr freche britische Kabarettistin namens Shazia Mirza, die sich selbst ausdrücklich als gläubige Muslima bezeichnet – womit sie sich, das brauche ich wohl nicht ausdrücklich zu erwähnen, den Zorn vieler frommer Geschwister im Glauben zuzieht. Es sind gerade solche Leute, die sich oft überall unbeliebt machen. Von nichtmuslimischer Seite müssen sie sich zum Beispiel regelmäßig verdächtigen lassen, doppelzüngig zu sein und auf besonders perfide Weise unsere freiheitlich-demokratische, aufgeklärte, jüdisch-christliche Kultur zu unterwandern. Den muslimischen Hardcores dagegen sind sie nicht streng genug.

Meine feste Überzeugung ist: Die verschiedenen Formen der Weisheit und des Wissens werden sich begegnen und vermischen. Östliches und Westliches ebenso wie Glaube und Wissenschaft. Im Koran gibt es einen Vers, der prophezeit, dass dereinst die beiden »Meere« ineinanderfließen werden. Ein Meer ist Wasser, und Wasser ist Leben (nicht nur aus der Sicht eines Wüstenvolks). Die verschiedenen Quellen der Gotteserkenntnis werden also quasi zu einem einzigen Ozean verschmelzen. Weiterhin glaube ich: Diese wundersame Wandlung wird vor allem von Frauen vorangetrieben werden. Es gibt nämlich immer mehr sehr engagierte Musliminnen, die, gerade weil sie viel Gegenwind haben, oft unglaubliche Kräfte entwickeln! Diese Kräfte können zu großer Spiritualität und beeindruckender Bildung führen. In der Sure, in der von den zusammenströmenden Meeren die Rede ist, heißt es auch, dass in jener Zeit, in der »Schriften weithin verbreitet werden«, nach dem »lebendig begrabenen Mädchen« gefragt werden wird. »Für welches Verbrechen ward es getötet?«, wird die rhetorische Frage lauten. Es ist nicht so weit hergeholt, denke ich, den Vers von den »weithin verbreiteten Schriften« auf die heutige Zeit zu beziehen, wenn man bedenkt, wie die Revolution in den arabischen Ländern mit Hilfe von Facebook und SMS wie ein Lauffeuer um sich gegriffen hat! Und lebendig begrabene Mädchen … Muss man

Psychoanalytiker sein, um zu finden, dass dieser Vers keiner großen Erklärung bedarf? Ich glaube jedenfalls nicht, dass hier nur auf die Abschaffung der früher weltweit verbreiteten barbarischen Sitte, gerade weibliche Neugeborene zu töten, angespielt wird. Gemeint ist vielmehr das lange brutal unterdrückte weibliche Potential, auf das man sich besinnen wird. Übrigens heißt es in mehreren Hadithen darüber hinaus, die Sonne würde eines Tages »im Westen aufgehen«. Ex occidente lux.

Also – von mir aus kann's losgehen!

Koran zum Thema »Vielfalt ist etwas Positives«:
»Und unter Seinen Zeichen ist die Schöpfung der Himmel und der Erde und die Verschiedenheit eurer Sprachen und Farben. Hierin sind wahrlich Zeichen für die Wissenden.« (30:23)

Koran zum Thema »Tötung des Weiblichen« und »Ineinanderfließende Meere«:
»Wenn die Sonne verhüllt ist, und wenn die Sterne betrübt sind, und wenn die Berge fort geblasen werden, und wenn die hochschwangeren Kamelstuten verlassen werden, und wenn wildes Getier versammelt wird, und wenn die Meere ineinanderfließen, und wenn die Menschen einander nahegebracht werden, und wenn nach dem lebendig begrabenen Mädchen gefragt werden wird: ›Für welches Verbrechen ward es getötet?‹, und wenn Schriften weithin verbreitet werden, und wenn der Himmel aufgedeckt wird, und wenn das Feuer angefacht

wird, und wenn der Garten nahegebracht wird – dann wird jede Seele wissen, was sie gebracht.
Nein! Ich rufe die Planeten zu Zeugen, die rückläufigen, die voraneilenden und die sich verbergenden, und die Nacht, wenn sie vergeht, und die Morgenröte, wenn sie zu atmen beginnt, dass dies in Wahrheit das (offenbarte) Wort eines edlen Gesandten ist.« (81:2ff)

Hadith zum Thema »Licht/Sonne kommt aus dem Westen«:
»Der Gesandte Allahs sagte, dass der Tag der Wiederauferstehung nicht kommen würde, solange die Sonne nicht im Westen aufginge. Wenn die Menschen dies erlebten, würde jeder an Gott glauben, aber zu diesem Zeitpunkt würde der Glaube nichts mehr nützen.« (Bukhari)

Hadith zum Thema »Selber denken/entscheiden«:
Harith ibn Amr berichtete, dass der Prophet, als er Mu'ad in den Jemen schickte, zu ihm sagte: »Wie wirst du dort entscheiden?« Er sagte: »Ich werde nach dem entscheiden, was im Buch Gottes steht!« Der Prophet fragte: »Wenn dort aber nichts steht?« Er sagte: »Dann werde ich nach der Sunna, der Praxis des Gesandten, entscheiden!« Der Prophet fragte: »Wenn es aber auch in der Sunna nicht zu finden ist?« Er sagte: »Dann bilde ich mir mein eigenes Urteil!« Der Prophet sagte: »Gelobt sei Gott, der dem Boten Gottes Erfolg beschieden hat!« (Tirmidhi, Abu Dawud, Muslim)

Bibliografische Information der Deutschen Nationalbibliothek

Die Deutsche Nationalbibliothek verzeichnet diese Publikation in der Deutschen Nationalbibliografie; detaillierte bibliografische Daten sind im Internet über http://dnb.d-nb.de abrufbar.

FSC
www.fsc.org
MIX
Papier aus verantwortungsvollen Quellen
FSC® C005833

Verlagsgruppe Random House FSC-DEU-0100
Das für dieses Buch verwendete FSC-zertifizierte Papier *Munken Premium Cream* liefert Arctic Paper Munkedals AB, Schweden.

1. Auflage

Umschlagmotiv: © Angel_a – Fotolia.com
Druck und Einband: Těšínská tiskárna, a.s., Český Těšín
Printed in Czech Republic
ISBN 978-3-579-06576-2

www.gtvh.de